MICHAEL
SCHLEICHER

MÜNCHEN LESEN UND LESEN LASSEN

KLINKHARDT
& BIERMANN

MICHAEL
SCHLEICHER

MÜNCHEN
LESEN UND
LESEN LASSEN

MIT COLLAGEN VON LILI ASCHOFF

FÜR ISA

»Seine Brust atmete frei, er fühlte sich stolz und mächtig, wenn sein Blick in die ungeheuren Galerien tauchte und sich in den fernen Bücherreihen verlor. Er hob den Kopf: Bücher! Er senkte ihn: Bücher! Rechts und links: Bücher, Bücher!«

Gustave Flaubert, Bibliomanie

»Bücher sind kein Zeitvertreib. Sie handeln von anderen Leben. Anderen Welten. Man will sich ganz und gar nicht die Zeit vertreiben, Sir Kevin, man wünscht sich im Gegenteil mehr davon. Wenn man sich die Zeit vertreiben wollte, könnte man nach Neuseeland reisen.«

Alan Bennett, Die souveräne Leserin

INHALT

ZUM AUFTAKT AUFBLÄTTERN: STOPP!

Bevor Sie weiterlesen, geben Sie mir bitte einen Moment: Ist es Ihnen aufgefallen? Haben Sie es bemerkt, das feine Geräusch, das zu hören war, als Sie dieses Buch aufgeschlagen haben? Wer es beschreiben will und in Worte fassen, der wird, ach was, der *muss* scheitern. Wer es indes kennt, darf sich glücklich schätzen, als Mitglied im Klub der Bücherfreundinnen und Bücherfreunde. Bücher klingen. Jedes hört sich anders an, vor allem beim ersten Aufblättern. Bücher duften sogar. Und jedes Buch liegt obendrein anders in der Hand, fühlt sich individuell an. Überlegen Sie mal, wie viele Sinne ein Buch bereits anspricht, bevor Sie auch nur eine Zeile gelesen oder eine Abbildung betrachtet haben. Und dann versuchen Sie, sich all diese Eindrücke vorzustellen – mit Ihrer Fernbedienung, beim Hochfahren Ihres Laptops, beim Wischen über Ihr Smartphone. Sie merken es selbst, nicht?

»Bücher sind etwas Herrliches«, stellt die Queen in Alan Bennetts Roman *Die souveräne Leserin* im Gespräch mit einem Untertanen fest. Und wer will schon einer Königin widersprechen? Der britische Autor lässt seine Monarchin den Gedanken konkret begründen: »Auch wenn sich das vielleicht eher nach einem Steak anhört, [...] sie machen einen zarter.«[1]

Very British, of course.

Aber eben auch *very* wahr.

Freilich lässt es sich auch weniger kulinarisch formulieren. Dazu genügt ein Blick ins Land des – pardon – Wiener Schnitzels. Im Interview mit dem Magazin der *Süddeutschen Zeitung* erklärt der österreichische Autor und Regisseur David Schalko: »Wenn ich als Leser Figuren in einem Roman folge, wird mein eigenes Leben für mich lesbar und kartografierbar. Lesen ist kein Ersatz, sondern eine gesteigerte Form von Leben. Die Fernsehnachrichten liefern vielleicht eindrückliche Bilder, aber weder Charaktere, die mir klarmachen, wie ich bin, noch Metaphern, die mir klarmachen, in welcher Welt ich lebe. Gute Bücher und Filme öffnen den Blick und verhindern, dass wir uns unserer zu gewiss sind.«[2]

Eine Anleitung zur Selbstreflexion also. Eine andere Stärke der Literatur gerät für uns, die wir in den westlichen Demokratien leben, allmählich in

1 Bennett, Alan: Die souveräne Leserin. Wagenbach, Berlin 2008. S. 101
2 Michaelsen, Sven: Könntest du auf Knopfdruck weinen? In: Süddeutsche Zeitung Magazin, Nr. 24, 18. Juni 2021. S. 18–26, hier S. 21/22

Vergessenheit: Kein Wunder, schließlich ist die Befreiung vom Nazi-Terror mehr als 75 Jahre her, und der Fall des Eisernen Vorhangs liegt auch schon Jahrzehnte zurück. Der algerische Journalist und Schriftsteller Kamel Daoud erinnert an jenen anderen, oft überlebenswichtigen Aspekt des Schreibens und Lesens, als er 2016 in den Münchner Kammerspielen zu Gast ist. Das Gespräch mit seinem Autorenkollegen, dem langjährigen Hanser-Verleger Michael Krüger, dreht sich an diesem Abend um seinen Roman *Der Fall Meursault*, der eine »Gegendarstellung« ist zu *Der Fremde* von Albert Camus. Dabei stellt Daoud fest: »Die Literatur ist ein Werkzeug für die Freiheit.«

Helga Schubert weiß, wovon er spricht. Im Jahr 1980 ist sie auf Vorschlag von Günter Kunert zu den Tagen der deutschsprachigen Literatur nach Klagenfurt eingeladen, um am Ingeborg-Bachmann-Wettbewerb teilzunehmen. Die SED-Bonzen verbieten ihr die Fahrt nach Österreich – nicht zuletzt, da der damalige Jury-Vorsitzende Marcel Reich-Ranicki der Staatssicherheit als »berüchtigter Antikommunist« gilt. Als 80-Jährige, im Jahr 2020, gewinnt sie schließlich die renommierte Auszeichnung. Ein Jahr später liest sie im Münchner Literaturhaus aus ihrem von Publikum und Kritik zu Recht gefeierten Werk *Vom Aufstehen* und sagt während dieser Soiree: »Weltliteratur ist wahrhaftig und unpathetisch.« So lapidar wie richtig.

Jede Leserin, jeder Leser hat einen eigenen Zugang zur Welt der Bücher. »Lesen ist nichts, was man in Schubladen einsortieren kann«, schreibt Paul Theroux im Vorwort zu Steve McCurrys Fotoband *Lesen*. Und auch nicht einsortieren sollte. Für den US-Schriftsteller ist Lesen »eine Kompetenz, ein Vergnügen, das auf Anregungen angewiesen ist, um sich zu einer lebenslangen Leidenschaft entwickeln zu können«.[3]

Halten Sie doch jetzt bitte noch einmal inne – und denken zurück: Wie wurden Sie auf jene Bücher, Autorinnen und Schriftsteller aufmerksam, die Sie lange begleiten? Wessen Empfehlung hat Sie einst in Buchhandlung oder Bibliothek geführt? Sehen Sie, Sie erinnern sich!

Kamel Daoud weiß aus seiner Heimat Algerien, wie schwer es ist, »mit

3 McCurry, Steve: Lesen. Prestel, München 2016. S. 12

Buchhandlung L. Werner
Residenzstraße 17 ⁜ München ⁜
Spezialität: Architektur, Kunst und
Ansichtsendungen bereitwilligst. Cataloge und
Zahlungsbedingungen. ⁜ Ankauf einschlägiger
einzelner brauchbarer Werke gegen

Antiquariat
osefplatz
unstgewerbe.
gratis. Günstige
sammlungen und
olung.

jemandem in den Dialog zu treten, der von vornherein die Wahrheit für sich beansprucht«. In Buchhandlungen gibt es derartige Absolutheit nicht – sie sind per se Orte des Austauschs. Zwischen den Menschen, die dort arbeiten, und jenen, die dort Neues finden wollen. Zwischen Schreibenden und Lesenden. Zwischen den Lesenden untereinander.

Buchhandlungen jedoch sind nicht nur Räume, in denen Bücher gefunden, gleichsam Türen ins Unbekannte aufgestoßen werden. Buchhandlungen selbst erzählen Geschichten. Vor allem, wenn sie alt sind und ihr Wurzelgeflecht tief hinab in die Stadtgeschichte reicht. Wer jenen Geschäften zuhört und wer den Gestalten lauscht, die in ihren Regalen schwarz auf weiß der Entdeckung harren, erfährt etwas über den Ort, an dem sie sich befinden, über die Menschen, die dort lesen und leben, über Orte und Zeitläufte.

Als Louis Werner 1878 an der Residenzstraße 17 in München seinen Laden erstmals aufsperrt – zunächst ausschließlich als Architekturbuchhandlung –, ist das Kaiserreich gerade mal sieben Jahre alt. Damals gibt es im Stadtgebiet 33 Buchhandlungen; 1900 sind es bereits 19 Geschäfte mehr.[4] Zum Vergleich: Für 2019 zählt der Börsenverein des Deutschen Buchhandels 121 Läden in München.[5]

Im Jahr 1879 wird an der Isar der »Bayerische Buchhändlerverein rechts des Rheins« gegründet sowie als Ortsverband der »Münchner Buchhändlerverein«. Wichtigstes Ziel der Organisationen ist das Verhindern zu hoher Kundenrabatte, die erst mit dem festen Ladenpreis 1887 effektiv eingedämmt werden.[6] In der letzten Dekade des 19. Jahrhunderts entfaltet sich also die Buchkultur in München mit großer Wucht; Handel und Verlagswesen prosperieren. Das Geschäft mit Gedrucktem floriert im ganzen Reich: Das Angebot ist breit gefächert, für »alle sozialen Schichten, für alle Geschmackspräferenzen und Lektürebedürfnisse, in massenhaften, industriell gefertigten Auflagen zu vergleichsweise billigen Preisen. Der Buchmarkt bietet für ein kapitalkräftiges und innovationsfreudiges Unternehmertum eine fast unbegrenzte Vielfalt von Profilierungsmöglichkeiten.«[7]

4 Wittmann, Reinhard: Hundert Jahre Buchkultur in München. Heinrich Hugendubel Verlag, München 1993. S. 38–47

5 www.boersenverein-bayern.de/markt-daten/buchhandlungen-in-bayern, abgerufen am 13. Juli 2021

6 Wittmann, Reinhard: Hundert Jahre Buchkultur in München. Heinrich Hugendubel Verlag, München 1993. S. 38

7 Wittmann, Reinhard: Geschichte des deutschen Buchhandels. C. H. Beck, München, 4. akt. und erw. Aufl. 2019. S. 295

Innerhalb kurzer Zeit wächst auch die Buchhandlung L. Werner: Erst geht's an die Ludwigstraße, von dort an den Maximiliansplatz. Rasch vergrößert Werner sein Angebot – »Specialität: Architektur, Kunst und Kunstgewerbe«, verkündet eine Zeitungsannonce von 1896 stolz. In dieser Zeit gründet der Inhaber auch seinen Verlag. Die Buchhandlung erlebt die (Schwabinger) Boheme, den Weltkrieg, die Revolutionswirren und die Weimarer Republik.
Josef Söhngen, der die Geschäfte ab 1929 führt, wird 1943 im dritten »Weiße-Rose«-Prozess zu sechs Monaten Haft verurteilt. Ein Jahr später wird sein Arbeitsplatz ausgebombt; Lager und Firmenarchiv werden vollständig vernichtet.
L. Werner wechselt im Lauf der Geschichte Standorte (allein bis zur Rückkehr an die Gründungsadresse im Jahr 1969 gibt es acht Umzüge) sowie Eigentümer – und bleibt doch immer eine Münchner Buchhandlung. Heute zählt sie mit ihren mehr als 140 Jahren zu den ältesten noch existierenden der Stadt.
Die Welt wartet auf jede Leserin, auf jeden Leser. Jedes Buch ist eine Einladung, sie neu zu entdecken. Auch dieses. Text für Text, Zeile für Zeile werden uns in den Werken, die wir aufblättern, Menschen und Dekaden vorgestellt; im besten Falle werden sie uns zu Vertrauten. Eine Odyssee, bei der das (Er-)Fahren und Forschen mindestens ebenso wichtig ist wie das Ankommen. Und wer Glück hat, dem ergeht es wie Bennetts »souveräner Leserin«, die eines Abends in ihrem Tagebuch notiert: »Man legt sein Leben nicht in seine Bücher. Man findet es in ihnen.«[8]

Viel Freude bei der Suche!

8 Bennett, Alan: Die souveräne Leserin. Wagenbach, Berlin 2008. S. 97

MUENCHEN
DIE HAUPTSTADT
DER BEWEGUNG

VICTORIA

NACH
MÜNCHEN,
ZUR KUNST:
WAR SONST
NOCH WAS?

Juni 2021. Auftritt selbstbewusster Frauen in den Münchner Kammerspielen. Auf der Bühne: Marie Haushofer (1871–1940), Malerin und Dichterin; Elsa Bernstein (1866–1949), Schriftstellerin und Dramatikerin; Carry Brachvogel (1864–1942), Autorin; Helene Böhlau (1856–1940), Schriftstellerin; ihre Kollegin Emma Merk (1854–1925); Ika Freudenberg (1858–1912), Frauenrechtlerin; die Fotografin Sophia Goudstikker (1865–1924) sowie die Autorin Gabriele Reuter (1859–1941).
Diesen historischen Figuren gehört der Auftakt des Stücks *Bayerische Suffragetten*, das im Schauspielhaus uraufgeführt wird. Der Titel führt in die Irre, Suffragetten, die vor allem in Großbritannien und den USA durch öffentliche Widerstands- und Störaktionen für ihre Belange kämpfen, gibt's an der Isar nicht. Gleichwohl finden in München von 1886 an (meist bürgerliche) Frauen zusammen, um politisch, gesellschaftlich und künstlerisch für Gleichstellung und Gleichberechtigung zu streiten. Keimzelle ist das Fotoatelier Elvira von Anita Augspurg und Sophia Goudstikker an der Von-der-Tann-Straße 15, gestaltet nach Entwürfen von August Endell zugleich eine Ikone der Jugendstil-Architektur.
Die Regisseurin Jessica Glause hat gemeinsam mit dem Ensemble den Theatertext erarbeitet, um dieses allzu lange ignorierte oder bewusst kleingehaltene Kapitel der (Lokal-)Geschichte wieder ins Gedächtnis zu rufen. Am Beginn zitieren sie neben Brachvogels Werk *Im Weiß-Blauen Land* auch Thomas Manns *Gladius Dei* sowie *Jahrhundertwende* von Max Halbe. Die erste Szene erzählt wie unter einem Brennglas von der Atmosphäre in der Stadt, in der Louis Werner acht Jahre zuvor seine Buchhandlung eröffnet hat:

Elsa Bernstein: München 1886, das ist eine Stadt im Aufbruch! Die letzten Jahre wurde gebaut, was das Zeug hält, denn München macht sich bereit, zu einer Großstadt der Moderne zu expandieren. Alle strömen in die Stadt.
Carry Brachvogel: Trotz seines zuweilen allzu draufgängerischen Kunst-

enthusiasmus kann München Ludwig I. nie dankbar genug sein, dass er aus der dörflichen Kleinresidenz eine Stadt schuf, die sich schnell den Namen »Isar-Athen« errang.
Helene Böhlau: Hier gab es kein Oben und Unten wie im klassen- und standesbewussten Norden, sondern mehr ein lässiges, gefälliges Nebeneinander, augenzudrückendes Gehen- und Gewährenlassen, nur mit gelegentlichen Intervallen durch Berserkerausbrüche des in allem Phlegma angeborenen bajuwarischen Jähzorns. Mannigfaltigkeit, Farbigkeit, Sinnenfreude und nicht zuletzt Komik, wo das Auge verweilte.
Carry Brachvogel: München schritt in Farbe eingehüllt wie über eine von tausend Regenbögen überglänzte Via triumphalis der Kunst dahin.
Marie Haushofer: München, Munich! Es gibt nur München! Alle wollen nach München zur Kunst!!!
Emma Merk: Jedes fünfte Haus lässt Atelierfensterscheiben in der Sonne blinken. Die Kunst blüht, die Kunst ist an der Herrschaft. München leuchtet!
Helene Böhlau: München leuchtet!
Ika Freudenberg: Mitten in diesem Leuchten fristen schlecht bezahlte Kellnerinnen ihr Dasein und bedienen junge Künstler mit ihren komischen Hütchen, die am liebsten mit Farbskizzen bezahlen wollen. München leuchtet.
Sophia Goudstikker: Mitten in diesem Leuchten weichen noch schlechter bezahlte Waschfrauen gutbürgerliche Kleidung in Seifenbottichen ein, wringen sie aus und schrubben, schrubben, schrubben.
Elsa Bernstein: Mitten in diesem Leuchten begehren Männer aus dem Umland Münchner Witwen, weil eine Heirat ihnen Stadtrecht und damit Platz im boomenden München sichert.
Helene Böhlau/Emma Merk: München leuchtet!
Gabriele Reuter: Mitten in diesem Leuchten kratzen Trambahnschienenputzerinnen die Ritzen Tag ein, Tag aus auf immer gleichen Wegen.[9]

9 Münchner Kammerspiele: Bayerische Suffragetten, Arbeitsfassung vom 22. Juni 2021. S. 3–4

Letzteren hat die Schauspielerin und Volkssängerin Ida Schumacher (1894–1956), die als »Ratschkathl« die Münchner begeisterte, ein herrlich derb-komisches Denkmal gesetzt. Wobei ihre Nummer *Die Trambahnritzenreinigungsdame* bei allem Witz stets durchblicken lässt, wie hart der Arbeitsalltag jener Frauen war, die mit Kratzer, Rutenbesen und Kübel die Schienen entlanggingen, um diese vom Dreck der Stadt zu säubern.
Doch verlassen wir für einen Augenblick »Isar-Athen« und seine Menschen, die dem Aufbruch entgegenfiebern oder aber nichts haben vom Strahlen der »tausend Regenbögen«, weil sie eben hart schuften müssen, um das Essen für sich und die Ihren auf den Tisch zu bringen. Der Blick geht für einen Moment nach Polen, irgendwann in der ersten Hälfte des 19. Jahrhunderts. In ihrem Roman *Die Jakobsbücher*, dessen Untertitel sich in der deutschen Übersetzung wunderbar gestelzt und poetisch über zwölf Zeilen streckt und dehnt, sodass der Verlag gar nicht genug dafür gefeiert werden kann, diesen Irrsinn (unter Marketinggesichtspunkten) dennoch gedruckt zu haben, in diesem Buch also lässt die Autorin Olga Tokarczuk den Schriftsteller Julian Brinken durch Warschaus Gassen gehen. Gerade hat ihn der Advokat Jan Kanty beauftragt, einen Roman zu schreiben – statt ihm ein Honorar zu zahlen, was aus heutiger Sicht zumindest bemerkenswert ist. Der Inhalt des bestellten Werks ist an dieser Stelle nicht weiter von Belang. Interessant ist, dass der Auftraggeber ein Buch wünscht, »in dem die Dinge so beschrieben sind, wie sie wirklich waren«.[10] Brinken verweist auf sein mieses Gedächtnis – der Anwalt entgegnet indes: »Sie sind Schriftsteller, erfinden Sie das Fehlende.«[11] Ein Rat, den sein Mandant beherzigt.

10 Tokarczuk, Olga: Die Jakobsbücher. Kampa, Zürich 2019. S. 32
11 Ebd. S. 31

Einen Absatz später schließlich lässt die polnische Nobelpreisträgerin ihren Autor seine Kunst erläutern: »Die Literatur ist eine besondere Art von Wissen, es ist die Vollkommenheit der unpräzisen Formen.«[12] Das ist vielleicht die schönste, in jedem Fall eine sehr treffende Definition literarischen Schaffens.

Texte sind stets Annäherungen – natürlich auch all jene über München. Zweifelsohne herrscht beim Wechsel vom 19. ins 20. Jahrhundert in der Stadt Aufbruchstimmung, gerade im weiten Feld der Kultur. Es ist also kein Zufall, dass Louis Werner in dieser Atmosphäre seine Buchhandlung mit Antiquariat in bester Lage unweit des Max-Joseph-Platzes eröffnet, sich auf die Fachbereiche Kunst, Architektur, Kunstgewerbe spezialisiert – und obendrein wenige Jahre später einen Verlag ins Leben ruft. Der macht vor allem mit hochwertig gestalteten Bildpublikationen auf sich aufmerksam, die den Wandel dokumentieren (etwa die Fotomappe *Münchener bürgerliche Baukunst der Gegenwart*) oder aber das Gute, Schöne, Alte festhalten. Im Vorwort des Ende des 19. Jahrhunderts im Abonnement zu 16 Lieferungen mit je fünf Blatt zu beziehenden *Alt-München in Bild und Wort* von Otto Aufleger und Karl Trautmann beschwört der Buchhandels- und Verlagsgründer die Vergangenheit: »Nirgends vielleicht in Deutschland hat die moderne Entwicklung zur Großstadt so gründlich Alles beseitigt, was aus der Altvordern Zeiten herrührte, als in München und die spärlichen Ueberreste, die ihren ursprünglichen Charakter noch gewahrt haben und die wohl nicht allzulange mehr bestehen werden, lassen kaum ahnen, welche Stadt von eigenartiger, malerischer Schönheit es einst gewesen.«[13] Das Publikum – fürs Nachzeichnen der städtebaulichen Veränderung ebenso wie für die sentimentale Rückschau – ist in München vorhanden, selbstbewusst und solvent. Doch sind alle literarischen Schilderungen jener Zeit letztlich ungenau und eine Frage der Perspektive. Die Eingangssequenz der *Bayerischen Suffragetten* berichtet davon.

12 Tokarczuk, Olga: Die Jakobsbücher. Kampa, Zürich 2019. S. 31
13 Werner, Louis: Einladung zum Abonnement auf Alt-München in Bild und Wort. In: Aufleger, Otto/Trautmann, Karl: Alt-München in Bild und Wort. L. Werner, München 1897

U.S.N

Das »weite Feld«, gerade wurde es erwähnt, führt nun erneut weg von der Isar, hin zu einem Preußen: Theodor Fontane, der seinen Roman *Effi Briest* zwischen 1894 und 1895 als Fortsetzungsgeschichte in der *Deutschen Rundschau* publiziert, bevor das Werk ein Jahr später als Buch in den Handel kommt, legt dem alten Briest, dem fürsorgenden Vater der Titelheldin, eben jene Wendung in den Mund. »Es ist ein weites Feld«, sagt der Gutsherr zu seiner Gattin Luise im Lauf der Geschichte wirklich sehr gerne und häufig. Egal jedoch, worüber er gerade spricht: Recht hat er! Doch gilt das auch für seinen Urheber? Fontane nämlich schreibt 1890 an seinen Kollegen Detlev von Liliencron über München: »Es ist die einzige Stadt in Deutschland, wo Künstler leben können.« Es folgt nun ein Tiefschlag, wie die Boxer sagen würden, denn der Schriftsteller fährt fort: »Der eigentliche Grundstock der Bevölkerung ist zwar so geistig tot und verbiert wie nur möglich, aber der Kunstzuzug aus aller Herren Ländern ist so groß, daß eine Nebenbevölkerung existiert, und in dieser lebt sich's freier und frischer als irgendwo.«[14]
Karl Kurt Wolter, zugereist nach Schwabing und hier zum Autor »Kakuwo« gereift, erwähnt in seinem Buch *Die Pappeln hinterm Siegestor* Fontanes Brief, der Zustandsbeschreibung, Lob und Niedertracht vereint. Allerdings versäumt er, dem Urheber für die wundervolle Adjektiv-Neuschöpfung »verbiert« zu huldigen. Es sei hiermit nachgeholt.
Doch da biegt schon – gerade rechtzeitig, will man meinen – die Retourkutsche für den gelernten Apotheker Fontane ums Eck, und zwar auf Höhe der Kaulbachstraße 51 a. Dort hat der findige Verleger Albert Langen die Redaktion seiner illustrierten Wochenzeitschrift *Simplicissimus* untergebracht. Französische Blätter wie *Gil Blas illustré* und *Le Rire* sind Vorbilder für die literarisch-satirische Neugründung, die das Kaiserreich ordentlich durchschütteln wird. Den Namen leihen sich die Gründerväter vom Titelhelden aus Hans Jakob Christoffel von Grimmelshausens 1668 erschienenem Schelmenroman *Der Abentheuerliche Simplicissimus Teutsch.*

14 Kakuwo: Die Pappeln hinterm Siegestor. Ilmgau Verlag W. Ludwig, Pfaffenhofen 1969. S. 109

Am 4. April 1896 kommt die erste Nummer heraus; der Start zum Jahresbeginn – parallel zu Georg Hirths Wochenzeitschrift *Jugend* – wird durch Langens Geldsorgen zunichtegemacht. Er kann den früheren Premierentermin schlicht nicht finanzieren. Der Zeichner Thomas Theodor Heine, dessen rote Bulldogge im achten Heft des ersten Jahrgangs erstmals auftaucht und zur genialen »Corporate Identity« der Zeitschrift heranwächst, erinnert sich an den Verkauf der Erstausgabe: »Langen hatte sich so auf die Straßenverkäufer gefreut, die mit dem lauten Gebrüll ›Simplicissimus, zehn Pfennig die Nummer!‹ die Stadt in Aufregung bringen würden! Nur hatte er vergessen, daß Paris nicht München war, wo die löbliche Polizei jedes Aufrufen in den Straßen streng verboten hatte.«[15]

Nicht nur das. Die staatliche Zensur sorgt letztlich mit für den Erfolg des Blatts. Sie findet einen ersten Höhepunkt im Skandal um die sogenannte Palästina-Nummer vom 29. Oktober 1898. Auf Seite 245 steht das Gedicht »Im heiligen Land« – Frank Wedekind macht sich unter seinem »Simpl«-Pseudonym Hieronymos über die Palästina-Reise von Wilhelm II. lustig. Der Dichter lässt dazu gar König David auferstehen und zur Harfe einen Lobpreis auf den deutschen Kaiser anstimmen. Die dritte Strophe des Gedichts lautet:

Ist denn nicht deine Herrschaft auch so weise,
Daß du dein Land getrost verlassen kannst?
Nicht jeder Herrscher wagt sich auf die Reise
Ins alte Kanaan. Du aber fandst,
Du seist zu Hause momentan entbehrlich;
Der Augenblick ist völlig ungefährlich;
Und wer sein Land so klug wie du regiert,
Weiß immer schon im Voraus, was passiert.[16]

15 Heine, Thomas Theodor: Wie der Simplicissimus entstand. In: Hollweck, Ludwig (Hg.): Von Wahnmoching bis zur Traumstadt. Bücher in Schwabing, München 1969. S. 42–43, hier S. 42
16 Hieronymos: Im heiligen Land. In: Simplicissimus. Langen Verlag, München, 3. Jg., Nr. 31, 29. Oktober 1898. S. 245

Diese und die anderen fünf Strophen neben einer Zeichnung Eduard Thönys, die einen ratlosen Herrn im Frack zeigt (»Wozu reisen de Leut' nach Palästina?«), sind dann doch zu viel: Verleger Langen setzt sich rechtzeitig ins Ausland ab, wird hernach fünf Jahre im Exil verbringen müssen. Wedekind, dessen Handschrift und Identität durch einen blöden Fehler Langens bei der Durchsuchung der Redaktion polizeibekannt werden, verschwindet nach der Leipziger Uraufführung seines Dramas *Erdgeist* nach Paris, kehrt aber zurück und stellt sich den Behörden, als er mitbekommt, dass Heine wegen Majestätsbeleidigung sechs Monate hinter Gitter muss. Beide sitzen ihre Strafe auf der Festung Königstein in Sachsen ab. Dem Ruf des *Simplicissimus* – gerade bei der herrschaftskritischen Leserschaft – tun diese und andere staatliche Aktionen gegen die Redaktion freilich gut. Die Auflage steigt.

Diese Geschichte zeigt zudem, was Kamel Daoud meint, wenn er mehr als hundert Jahre später Literatur als »Werkzeug für die Freiheit« charakterisiert. Zu diesem Urteil – nicht zuletzt in Bezug auf die Karikaturen – kommt auch die *New York Times*, die 1979 anlässlich der *Simplicissismus*-Ausstellung im New Yorker Goethe-Institut feststellt: »The magazine *Simplicissimus* set the standard for political caricature and graphic social satire for several generations of European and American artists. With such talents as Thomas Theodore Heine, Olaf Gulbransson, Heinrich Kley, Rudolf Wilke and Karl Arnold, this hard-hitting journal unleashed a steady stream of pictorial invective on the social manners and political idols that reigned in Germany in the critical decades preceding Hitler's assumption of power.«[17]

Wedekind spottet allerdings nicht nur über die politischen Verhältnisse, er müht sich Ende des 19. Jahrhunderts außerdem um die Aufführung seiner Dramen in München. 1898 schreibt er an Beate Heine: »Meine Hauptbeschäftigung ist der Simplizissimus, für den ich täglich arbeite in Witzen, Gedichten und anderem Mist.«[18] Erst Anfang des 20. Jahrhunderts wird er auch auf den Bühnen seiner Wahlheimat gespielt, in die

17 Kramer, Hilton: Art: Graphic Mockery From Simplicissimus. In: New York Times, Section C, 30. März 1979. S. 18

18 Wedekind, Frank: Werke 1. dtv, München 1996. S. 768

SIMPLICISSIMUS

er 1908 endgültig übersiedelt. Seine »Satire der Satire« mit dem Titel *Oaha* ist eine Persiflage auf Albert Langen und die Redaktion des Blattes. Das Stück bleibt – um es einmal vorsichtig zu formulieren – hinter den Erwartungen seines Verfassers zurück, als es 1911 im Lustspielhaus, wie die Kammerspiele da noch heißen, uraufgeführt wird. Es floppt.

Das Theater an der Augustenstraße erhält 1912 seinen heutigen Namen und zieht 1926 an die Maximilianstraße. Ernst Ginsberg ist in der letzten Spielzeit am alten Standort engagiert – und der ersten im neuen Haus, nach Max Littmanns Entwürfen gebaut und im Innern ausgestattet von Richard Riemerschmid. In seiner Autobiografie erinnert er sich nicht nur an das hervorragende Ensemble, das Direktor Otto Falckenberg versammelt hat, darunter etwa Therese Giehse und Carola Neher. Der Schauspieler berichtet auch von der Atmosphäre Mitte der Zwanzigerjahre: »Ich verliebte mich in diese zugleich naturhafte und geistige Stadt München, unter deren Asphalt man noch das Gras wachsen zu spüren meint. Ich genoß das Leben in der Münchner Boheme, die noch echten und ursprünglichen Charakter hatte.«[19]

Aber zurück zu Wedekind. Von ihm stammt jener Prosatext, der sich heute wie eine Erwiderung auf Fontanes Zeilen an Liliencron lesen. Sein Beitrag »Münchens Niedergang als Kunststadt« erscheint am 2. September 1902, im – klar – *Simplicissimus*.[20] Wedekind, der in diesem Jahr auch die Arbeit an seiner Tragödie *Die Büchse der Pandora* beendet, die er später mit dem *Erdgeist* zum Drama *Lulu* zusammenfasst, schreibt:

> Über den Niedergangs Münchens als Kunststadt ist in letzter Zeit so viel Tinte verschwendet worden, daß ich mich nun wahrlich nicht mehr entbrechen kann, auch meinerseits meinen Senf dazuzugeben. Die Geschichte ist nämlich folgende.
> Ein großer Berliner Maler, aber einer der allerersten, der allerberühmtesten, sagen wir einmal, nur um einen bestimmten

19 Ginsberg, Ernst: Abschied. Arche, Zürich, 4. Aufl. 1967. S. 87

20 Wedekind, Frank: Münchens Niedergang als Kunststadt. In: Simplicissimus. Langen Verlag, München, 7. Jg., Nr. 23, 2. September 1902. S. 178

Namen zu nennen, Max Liebermann, kam vor einiger Zeit nach München. Wie das in den Sommermonaten so geht, traf er hier sehr bald einen guten Freund aus Berlin auf der Straße, und da dieser Freund ebenfalls Maler war, gingen beide zusammen in die Sezessionsausstellung am Königsplatz, um sich von dem Niedergang Münchens als Kunststadt zu überzeugen. Nachdem sie die Ausstellung sehr bald verlassen hatten, schlenderten sie durch die Straßen Münchens und begegneten auf dieser Wanderung nach kurzer Zeit natürlich wieder einem Berliner, nämlich einem Manne von hohen militärischen Würden und Auszeichnungen, sagen wir einmal, wiederum nur, um einen bestimmten Namen zu nennen, Seiner Exzellenz dem General von Uestritz. Der Freund Liebermanns war mit diesem hohen Würdenträger persönlich bekannt und machte sich eine Ehre daraus, ihm »Herrn Professor Max Liebermann« vorzustellen.
»Freut mich sehr«, sagte der hohe Berliner Würdenträger; darauf gingen alle drei des Weges weiter.
Das Gespräch drehte sich um die Sezessionsausstellung, und dem Würdenträger fiel die ungeheure Zuversichtlichkeit auf, mit der der Professor Liebermann sein Urteil über die verschiedenen Bilder aussprach.
»Sie sind wohl auch Künstler?«, fragte er ihn, nachdem er ihm eine Weile zugehört hatte.
»Ja, ich bin Maler«, antwortete Max Liebermann.
»So, so. – Und was malen Sie denn, wenn man fragen darf?«
»Alles mögliche. – Menschen, Ziegen, Schweine. – Was einem gerade so in den Weg kommt.«
»Das macht mich nicht viel klüger«, sagte der Würdenträger. »Ich meinte, ob Sie vielleicht Marinemaler oder Genremaler sind. Es gibt doch so gewisse Kategorien!«
Liebermann wußte nicht recht, wie er darauf antworten sollte, und da sich von der Fortsetzung des Gespräches ohnehin nicht

Das Künstlerhaus an

Eröffnungsmorgen.

viel mehr erwarten ließ, beschlossen die drei Herren, zusammen ins Café »Luitpold« zu gehen, um dort vor dem Abendessen noch einen Kaffee zu trinken.
Am ersten besten Service nahmen sie Platz. Die Kellnerin in schwarzem Rock und frischer weißer Bluse kam heran und fragte, was den Herren gefällig sei. Bald darauf erschien sie wieder mit den Tassen und sagte, die beiden Kannen zum Einschenken bereit haltend: »Hell oder dunkel, bitt' schön?«
Wie sie nun aber aus dem Gespräch heraushörte, daß einer der Herren mit Herr Liebermann angeredet wurde, fragte sie ihn: »Erlauben Sie, bitt' schön, mein Herr, sind Sie vielleicht von dem berühmten Maler Liebermann ein Verwandter?«
»Der bin ich selbst«, entgegnete der Künstler.
»Jessas na, wie mich das freut, daß ich Sie auch einmal seh«, sagte das Mädchen im sichtlichen Gefühl des Stolzes, einen so hohen Gast bedienen zu dürfen. »Also das sind Sie! Ich hab schon so viele schöne Bilder von Ihnen gesehen in all den Zeitschriften; erst neulich noch eins, wenn mir recht ist, mit einer Gais drauf. – Na, das freut mi aber wirklich!«
Der hohe Würdenträger aus Berlin hatte bald das Mädchen, bald den Künstler mit starrem Erstaunen angesehen. Als sich dann aber das Mädchen entfernt hatte, sagte er, und dabei umspielte ein sardonisches Lächeln seine Mundwinkel: »Na – in diesem Café hier scheinen Sie ja wirklich berühmt zu sein!« – –
Man ersieht aus dieser Geschichte wieder einmal, wie viel Ursache die Berliner dazu haben, München wegen seines Niederganges als Kunststadt zu bemitleiden.

Eine Watschn, die keines Kommentars bedarf.

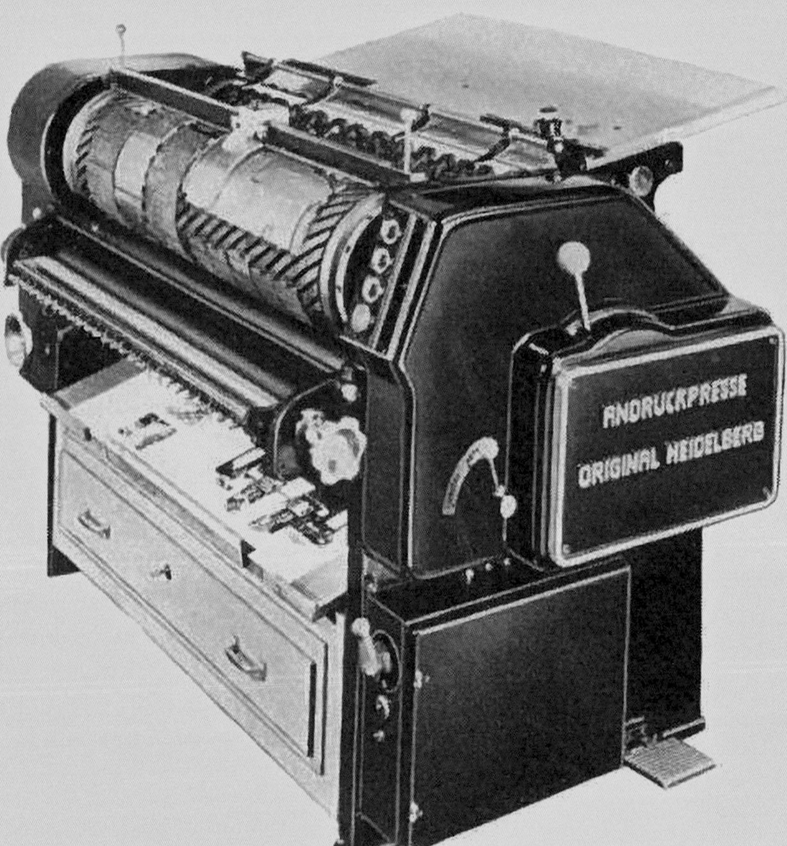
ANDRUCKPRESSE
ORIGINAL HEIDELBERG

IN DER RESIDENZSTRASSE: DAS GRÜNE GRAS DER POESIE

Vor einem Restaurant, nur ein paar Schritte von der Residenzstraße 17 entfernt, wo Louis Werner 1878 seine Buchhandlung eröffnet, sitzt lange Zeit später der Schriftsteller, Lyriker und Box-Poet Wolf Wondratschek und spricht über Literatur. Wondratschek hat in München große Erfolge gefeiert, seine Skandale gehabt und zeigt auch jetzt, mit über siebzig, keine Spur von Altersmilde.
Die Unterhaltung ist gerade eine halbe Stunde alt, als ein Mädchen an den Tisch tritt. So energisch seine Schritte waren, so schüchtern sagt das Kind jetzt zwei, drei Worte auf Kroatisch – und lässt Grashalme in Wondratscheks Hand rieseln. »Danke dir«, sagt der Autor, ernsthaft berührt, derweil die Mutter mit einem verlegenen »Entschuldigung« ihre Tochter weiterzieht. Wäre diese Szene nicht tatsächlich geschehen, an einem Montagvormittag (der Herbst ist deutlich zu spüren), man könnte sie sich gut vorstellen in einem von Wondratscheks jüngeren Romanen. Natürlich erkennt der Schriftsteller sofort das Potenzial des Geschenks: »Das ist Poesie: Ein Kind kommt und gibt dir grünes Gras«, sagt er, als die Kleine und ihre Mutter um die Ecke gebogen sind. »Das hat mir ein kleines Kind geschenkt, für das die Welt voller Wunder ist.« Ein bisschen wirkt es, als habe Wondratschek den Auftritt inszeniert. Schließlich hat er gerade noch erklärt: »Poesie ist ein Mittel zur Erkenntnis: etwas ganz Präzises, das aber hohe Anteile an Irrationalität besitzt.«
Das führt direkt hinein in *Mittwoch*, diesen Wondratschek-Roman aus dem Jahr 2013, der keine Hauptfiguren kennt und der dennoch – genauer: der gerade deshalb – von nichts Geringerem als dem Leben selbst erzählt. Denn: »Ist das nicht der Wunsch aller Nebenfiguren, einmal ins Rampenlicht zu treten?«, fragt der Schriftsteller. »Einmal angeschaut zu werden, einmal wichtig genommen zu werden, einmal Adressat einer höflichen Erwiderung zu sein? Alle sind sie wichtig. Und keiner ist wichtig.« Das ist recht präzise ausgedrückt, hat aber einen gewissen irrationalen Anteil. Ist also Literatur, ganz wie die Wirklichkeit.

Wondratschek, 1943 geboren, geht in *Mittwoch* von einer alltäglichen Idee aus: Der Erzähler folgt einem 100-Euro-Schein, der an einem – Überraschung – Mittwoch zwischen 8 und 18 Uhr von Hand zu Hand wandert. Das passiert wohl täglich in diesem Land einige Male. Und dennoch hat man nach der Lektüre das Gefühl, an etwas Besonderem teilgenommen zu haben. »Es ist das Gewebe eines Tages. Alles hängt mit allem zusammen«, erklärt der Autor, der in seinem Roman immer wieder die Zeit anhält. Nicht nur, um jenes Individuum zu entdecken, das gerade im Besitz der Banknote ist, sondern um die Leserinnen und Leser mitzunehmen in unterschiedliche Milieus: in eine Autowerkstatt, in einen Friseurladen, in ein Bordell, in einen Tabakladen, in eine Zeitungsredaktion. Die Lebensgeschichten der Menschen dort sind mit keinen anderen vergleichbar. Aber: »Es strahlt die Welt herein.«
Das ist so ein Wondratschek-Satz, der das, was auf diesen mehr als 240 Seiten passiert, treffend charakterisiert. Also ein Satz für den Klappentext. Nur hat der Autor eben diesen seinem Verleger untersagt, da er »bloßer Notbehelf« sei.
Stattdessen ist auf dem Umschlag ein Zitat des argentinischen Schriftstellers Jorge Luis Borges (1899–1986) zu lesen: »Er ließ seinen Geist schweifen, und er gab diesem Geist die Gestalt vieler Personen.« Wondratschek, der 1969 mit *Früher begann der Tag mit einer Schußwunde* debütierte und heute in Wien und München lebt, macht genau das in seinem Text. Und mehr: »Ich beschreibe Menschen, denen ich gerne häufiger im Leben begegnen würde.« Dabei öffnet er im besten Fall Assoziationsräume, Einladungen, das Buch für einen Moment sinken und die Gedanken schweben zu lassen. Das kann beglückend sein. Dabei sind es oft die scheinbar harmlosen Sätze, die es dank ihrer Kraft vermögen, die Leserinnen und Leser auf Reisen zu schicken.

L.

BUCHER-ARCHITEKTUR · KUNST · FOTO - BUCHE

Es gibt ein kurzes Gedicht von Wolf Wondratschek, aufgeschrieben vor vielen, vielen Jahren:

Es ist seltsam, wieviel wir erfinden müssen,
um das Leben zu verstehen,
denn was wäre die Realität ohne die Einsicht ihrer
Erfindung, was für einen Wert hätte die
Wahrheit ohne den Komfort des Humors
und welche Wahrheit die Liebe ohne das
Schicksal jener, die leiden?

Die Zeilen verraten, was Bücher zu leisten imstande sind. Denn was sagt Wondratschek am Ende? »Was ist produktiver, als wenn einer einem die Sinne verwirrt? Entsteht so nicht alles? Liebe, Leidenschaft, Erkenntnis. Das ist die Aufgabe von Literatur: die Befehlsgewalt des Verstandes oder der Vernunft außer Kraft zu setzen.«
Dann drückt der Dichter noch seine Zigarette aus, verabschiedet sich höflich, geht. Und ein kräftiger Windstoß, der bereits vom Herbst kündet, trägt die Grashalme, das Geschenk des Mädchens, die bis gerade auf der blanken Tischplatte gelegen haben, weit über den Platz, hinüber zur Residenzstraße, wo Louis Werner am Ende des vorvergangenen Jahrhunderts seine Buchhandlung eröffnet hat.

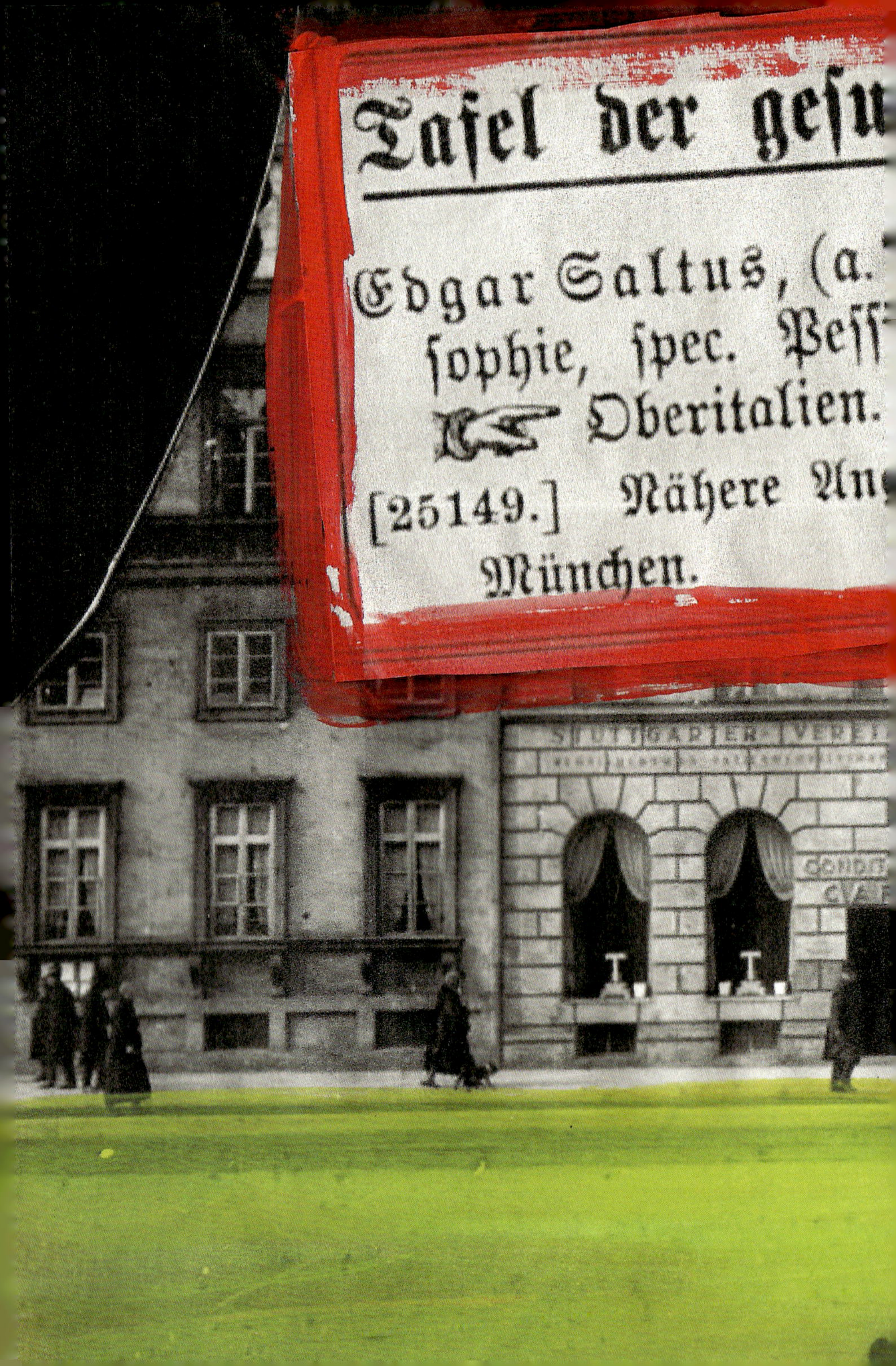
Tafel der
Edgar Saltus, (a.
sophie, spec.
Oberitalien.
[25149.] Nähere
München.

hten Personen.
merika) studirt Philo=
nismus, zur Zeit in
abe der Adresse erbitten
Buchholz & Werner.

JOSEF SÖHNGEN UND DIE »WEISSE ROSE«

Februar 1943. In der Buchhandlung L. Werner, deren Anschrift seit 23 Jahren Maximiliansplatz 13 lautet, klingelt das Telefon. Inhaber Josef Söhngen, er hat das Geschäft 1929 erworben, hebt ab. Der Anrufer nennt seinen Namen nicht, vermutlich ist es aber Alexander Schmorell. Er unterrichtet Söhngen über das Verschwinden von Hans Scholl. Augenblicklich weiß der Buchhändler, was das bedeutet, und lässt Briefe des Studenten aus seinen Unterlagen verschwinden.

Söhngen ist Teil des Kreises um die Widerstandsgruppe »Weiße Rose« der Geschwister Hans und Sophie Scholl, Alexander Schmorell, Willi Graf, Christoph Probst und ihres Professors Kurt Huber. Am 13. Juli 1943 wird Söhngen im dritten »Weiße-Rose«-Prozess verurteilt, nachdem wohl Scholls Freundin Gisela seinen Namen beim Verhör genannt hat.[21] Der damals 48-Jährige muss sechs Monate hinter Gitter (drei Monate »Polizei- und Untersuchungshaft« werden ihm auf das Strafmaß angerechnet) sowie die Kosten des Verfahrens vor dem Sondergericht 2 beim Landgericht München I tragen.

Josef Söhngen und Hans Scholl lernen sich Anfang der Vierzigerjahre in der Buchhandlung L. Werner kennen. Nach der Befreiung Deutschlands notiert deren Inhaber, er konnte damals »in häufigen längeren Gesprächen erkennen, dass es ein junger Mensch war von seltenen Qualitäten, der insbesondere um religiöse Probleme mit einer Heftigkeit gerungen hat, wie ich es überhaupt nicht wieder erfahren habe«. Der Buchhändler und sein Kunde diskutieren zunächst vor allem religionsphilosophische Fragen, die aktuelle Politik spielt dagegen kaum eine Rolle. »Unser beider Gesamthaltung liess aber gar keinen Zweifel darüber, dass wir zumindest vollkommen ablehnend dem NS gegenüberstanden«, wird Söhngen Ende 1945 aufschreiben. Als er 1969 seinen 75. Geburtstag feiert, stellt die *Süddeutsche Zeitung* fest: »Seine konzessionslose, demokratische Haltung im Dritten Reich spiegelte sich nicht nur im Angebot und im Verkauf seiner Bücher wider.«[22]

Zwischen Scholls erstem Besuch bei L. Werner am Maximiliansplatz und seiner Hinrichtung am 22. Februar 1943 in Stadelheim wird Söhngen

21 Gebhardt, Miriam: Die Weiße Rose. DVA, München 2017. S. 273

22 Graupner, Heidrun: Buchhändler Josef Söhngen 75 Jahre. In: Süddeutsche Zeitung, Nr. 196, 16./17. August 1969

nicht nur Mentor des Münchner Medizinstudenten, Scholl-Biografin Barbara Ellermeier nennt ihn gar einen »älteren Freund«.[23] Der Brief, den Scholl zum Jahreswechsel 1942/43 an den Buchhändler schreibt, endet mit den Worten: »Ich denke dankbar an Sie. Ihr Hans.«[24] Auch während seines Einsatzes an der Front in Russland korrespondieren beide miteinander – nach der Lektüre von Dostojewskis *Schuld und Sühne* bittet Scholl Söhngen, ihm weitere Werke des russischen Autors zu senden.[25] Der junge Mann will durch die Literatur das Land und seine Menschen kennenlernen. Zwei Briefe aus dieser Zeit sind aktenkundig, vom 10. September sowie vom 15. Oktober 1942. Mitunter scheint der Student allerdings schreibfaul zu sein – zumindest in den Augen seiner Schwester. Als sie selbst einmal bei L. Werner Kundin ist, erwähnt Söhngen offenbar, dass noch keine Post von Hans gekommen sei. Zwar verteidigt Sophie Scholl den älteren Bruder – nicht jedoch, ohne ihm daraufhin selbst zu schreiben und anzumerken, »daß er sich weder bei ihr noch Herrn Söhngen noch bei weiteren Freunden gemeldet habe«.[26] Wer war Hans Scholls Freund, dem er so sehr vertraute, dass er ihn – mit allen Vorsichtsmaßnahmen – in die Aktionen der »Weißen Rose« einbezog?

Josef Söhngen wird am 17. August 1894 im hessischen Königstein im Taunus geboren. Seine Eltern sind Gastwirte. Die Oberrealschule in Frankfurt am Main verlässt er 1911 nach dem Tod des Vaters vorzeitig. Von 1915 bis 1917 ist er in der Wehrmacht, allerdings ohne Fronteinsatz. Der NSDAP wird Söhngen nicht beitreten. Bevor er 1920 als Buchhändler reüssiert, arbeitet er zunächst in der Verwaltung beim Landratsamt Höchst. »Unbefriedigend« sei diese erste Karrierestation für den Mann gewesen, notiert der *Münchner Stadtanzeiger* 1964; das Geschäft mit den Büchern habe seiner »Neigung und Eignung« eher entsprochen. Gelernt hat Söhngen es in Frankfurt am Main, »arbeitete dann in der Münchner Buchhandlung Severing und Güldner, später bei Gulde. Nach einem Zwischenspiel in Gießen ließ er sich für immer in München nieder: Es bot sich die Möglichkeit, die Buchhandlung L. Werner, deren

23 Ellermeier, Barbara: Hans Scholl. Hoffmann und Campe, Hamburg 2012. S. 337
24 Ebd. S. 330
25 Bald, Detlef: Die »Weiße Rose«. Aufbau, Berlin, 2. Aufl. 2003, S. 116
26 Ellermeier, Barbara: Hans Scholl. Hoffmann und Campe, Hamburg 2012. S. 279

Spezialgebiete Kunst und Architektur seinen Interessen gleichliefen, zu erwerben«, wie es in dem kurzen Artikel heißt. Der Wahlmünchner erweitert das Sortiment vor allem um Belletristik, Biografien sowie philosophische Veröffentlichungen. In der Folge erarbeitet er für sich und sein Geschäft »weit über München hinaus einen guten Ruf«. Söhngen sei ein »Buchhändler, dem es um mehr geht, als mit dem Strom der Mode zu schwimmen«, weiß die Zeitung.
Das gilt nicht nur für den Alltag bei L. Werner – Söhngens Engagement im Zusammenhang mit dem Widerstand der »Weißen Rose« beweist es. Für Hans Scholl ist der Buchhändler ein Vertrauter, den er selbst nachts anruft, um über Textentwürfe zu sprechen.[27] Söhngen hilft jedoch auch konkret; seine Wohnung und sein Geschäft werden für Scholl zum Rückzugsort. »Lassen Sie mich eine halbe Stunde hier sitzen, das wird mir wieder Gleichgewicht geben«, bittet er ihn einmal.[28] Wenn Durchsuchungen drohen, versteckt Söhngen mitunter den Vervielfältigungsapparat der Studenten im Keller von L. Werner unterm Abfallpapier und ist zudem Kontaktmann zur antifaschistischen Bewegung Italiens. Davon berichtet der Buchhändler Ende des Jahres 1945 auf zwei eng beschriebenen, meist absatzlosen Schreibmaschinenseiten. Offensichtliche Tippfehler wurden aus Gründen der Lesbarkeit verbessert; ansonsten folgen Rechtschreibung, Satzbau und Zeichensetzung dem Original:

> Ich lernte Hans Scholl etwa 1940/41 in meiner Buchhandlung kennen und in häufigen längeren Gesprächen erkennen, dass es ein junger Mensch war von seltenen Qualitäten, der insbesondere um religiöse Probleme mit einer Heftigkeit gerungen hat, wie ich es überhaupt nicht wieder erfahren habe, so konnte es sein, dass er einmal drei Tage durch das Gebirge wanderte, um sich losgelöst vom Alltag zu dem Verstehen des Begriffes des dreieinigen Gottes durchzuringen. Da uns religionsphilosophische Fragen vorherrschend beschäftigten, haben wir kaum über politische Gegenwartsfragen gesprochen, vornehmlich nicht im Anfang unserer

27 Ellermeier, Barbara: Hans Scholl. Hoffmann und Campe, Hamburg 2012. S. 337
28 Ebd.

„DIE WEISSE ROSE"
Widerstandsgruppe Münchener Studenten
Vor 20 Jahren vom Volksgerichtshof zum Tode verurteilt und hingerichtet
• Willi Graf • Professor Kurt Huber • Christl Probst • Alexander Schmorell • Hans Scholl • Sophie Scholl •
DAS
DAS

Bekanntschaft. Unser beider Gesamthaltung liess aber gar keinen Zweifel darüber, dass wir zumindest vollkommen ablehnend dem NS gegenüberstanden. Wenn ich mich recht erinnere, war es eine heftige Bemerkung von mir gegen das Regime und besonders die Einrichtung der Gestapo, die mich gerade wieder einmal – ich weiss nicht, wie oft schon – vernommen hatte, die Hans Scholl veranlasste, aus seiner Reserve herauszutreten und mir folgenden Vorschlag zu machen. Zeitpunkt dieses Vorschlags: unmittelbar vor seinem Frontdienst im Herbst 1942, für den man ja das grausame Wort Frontbewährung erfunden hatte. In seinen beiden Briefen, die ich noch besitze, weist er dann in verkappter Form auf die beabsichtigten weiteren Gespräche hin. Sofort nach seiner Rückkehr, es mag Anfang Dezember gewesen sein, besuchte er mich wieder in meiner Buchhandlung und wir verabredeten ein ausführliches Gespräch für den nächsten Tag. Bei diesem Gespräch entwickelte Hans Scholl seine Pläne in aller Ausführlichkeit und die gründliche Unterbauung seiner Gedanken aus einer weiten und sicheren Schau und einer klaren, festgeformten religiösen Weltanschauung – also Gedankengängen, die vollkommen frei waren von kleinlichen Gesichtspunkten bestimmten mich, sofort und bedingungslos meine Mitarbeit und Mithilfe zuzusichern. H. Scholl sprach unter anderem davon (diese einzelnen Hinweise aus verschiedenen Gesprächen zusammengezogen), dass Verbindungen zu vielen Universitäten bestehen, dass in Württemberg beispielsweise alle Vorbereitungen getroffen seien, bei Gelingen des Umsturzes eine neue Regierung zu bilden. Im übrigen hatte H. Scholl die Taktik, keinerlei weitere Namen und Stellen zu nennen, ausser denjenigen die man unbedingt wissen musste. H. Scholl hatte eine Querverbindung zur Gestapo und erhielt von einem Mittelsmann im geeigneten Moment eine Warnung. In diesem Falle – es war viermal notwendig – wurden die Druckmaschinen, später auch die Druckstöcke, mit denen die

Aufschriften »Nieder mit Hitler« an Häusern und auf der Straße angebracht wurden, in dem Keller meiner Buchhandlung unter dem Abfallpapier versteckt gehalten. Um dieses Versteck möglichst sicher zu halten, sollte ich meinerseits bei verschiedenen Besprechungen und Zusammenkünften nicht anwesend sein.
H. Scholl unterrichtete mich aber von allen Vorgängen und ich hatte Möglichkeit, meine Meinung zu äussern.
Meine Aufgabe war es, die H. Scholl angebotene Verbindung mit dem Ausland aufzunehmen. Hier ergab sich für mich die günstige Gelegenheit, durch den Kunsthistoriker Giovanni Stepanow, Capri, der der Lehrer und Vertraute der Kronprinzessin von Italien war. Professor Stepanow, mit dem ich durch mehrere Jahre eindeutig politische Gespräche geführt hatte, offenbarte mir im Herbst 1942, dass viele Fäden der antifaschistischen Bewegung in Italien in den Händen der Kronprinzessin von Italien zusammenliefen und wenn ich Kenntnis erhalten sollte von Gruppen oder Vereinigungen, die sich in Deutschland aktiv gegen den NS betätigten, sollte ich ihnen in vereinbarter Form Nachricht geben. Ich versuchte damals, um Professor Stepanow die Einreise nach Deutschland zu ermöglichen, kunstwissenschaftliche Vorträge zu veranstalten. Da mir von den Partei-Dienststellen hierzu die Genehmigung versagt wurde, konnte ich erreichen, dass die Konzertdirektion Bauer, München, die keine Ahnung von den Nebenabsichten hatte, diese Vorträge einrichtete. Im Monat Dezember sprach ich erstmals mit Professor Stepanow auf seiner Durchreise und es war zwischen Prof. Stepanow und mir verabredet, dass auf seiner Rückkehr von Berlin nach der Schweiz, wo er weitere Ausländer sprechen wollte – wenn ich mich recht erinnere, war es eine direkte Verbindung nach England –, eine erste Zusammenkunft mit H.S. stattfinden sollte. In den letzten Tagen des Dezember 1942 kam Stepanow wieder und leider war Scholl bei seinen Eltern in Ulm. Das Visum war auf einen bestimmten

> Tag fixiert und so konnte Stepanow nicht warten. Ich hatte mit Step. vereinbart, dass ich ihm telegrafieren würde, sobald die Bewegung festere Formen angenommen haben würde, und zwar mit der Angabe, dass neue Vorträge festgesetzt seien. Dieses Telegramm habe ich im Einverständnis mit H.S. Anfang Februar 1943 aufgegeben und Step. erschien bei mir erst – die Erledigung der Visumformalitäten hat sich länger hingezogen – nach dem es zu spät war.
> In dieser Zeit musste ich bei der sehr schwierigen Geschäftslage sehr oft und manchmal unerwartet verreisen und deshalb hatte ich, da auch die Besuche des Step. niemals vorher festgelegt werden konnten, den damaligen Medizinstudenten und jetzigen Dr. Fritz Seidel, Geibelstr. 4, ins Vertrauen gezogen, damit er in meiner Abwesenheit Prof. St. von dem Geschehenen unterrichten konnte und von ihm gegebenenfalls neue Tatsachen erfahren. So musste auch Seidel einmal die Druckapparate in Empfang nehmen und in meinem Keller verwahren.

Am 28. April 1943 kommt Josef Söhngen in Untersuchungshaft, drei Monate später wird er verurteilt. Wobei das Sondergericht 2 unter Vorsitz von Oberlandesgerichtsrat Schwingenschlögl ihm lediglich nachweisen kann, es aus »Fahrlässigkeit« unterlassen zu haben, den »Empfang zweier hochverräterischer Flugblätter« den Behörden anzuzeigen, wie es in der Begründung des Urteils vom 13. Juli 1943 heißt. In den Akten wird Söhngens Verteidigungsstrategie deutlich: »Der Angeklagte behauptete, er habe nur 2 Flugblätter erhalten; das eine sei das Flugblatt II gewesen; er habe es ganz durchgesehen und habe den Eindruck erhalten, dass es sich um das Machwerk einer unreifen oder verwirrten Person handle; nach dem Durchlesen habe er das Flugblatt, ohne es jemand zu zeigen, vernichtet. Das 2. Flugblatt habe er kaum mehr angesehen und habe es jedenfalls alsbald vernichtet; er könne deshalb nicht angeben, um welches Flugblatt es sich handelte. Er habe geglaubt, er tue vollauf seine Pflicht, wenn er die Flugblätter vernichte; er habe sich nicht für verpflichtet angesehen, sie an die Polizei abzuliefern. Von der Herkunft der Flugblätter habe er keine Ahnung gehabt; der Gedanke, sie könnten von Scholl stammen, sei ihm nicht gekommen. Auch aus den Unterhaltungen mit Scholl habe er nicht entnehmen können, dass dieser landesverräterische Absichten habe.«

Besonders auf die von ihm angeführte Nichtzurechnungsfähigkeit des Flugblatturhebers verweist Söhngen bei den Verhören und vor Gericht offenbar immer wieder. Als er Ende 1945 an Inge Scholl, die älteste Schwester von Hans und Sophie, schreibt, macht er deutlich, dass er sich stets bemühte habe, »so neutral zu bleiben, wie ich es in der Zeit der aktiven Tätigkeit in bewusster Verabredung mit Herrn Scholl war«.[29]

In der Hauptverhandlung hilft ihm das nur bedingt, denn, so heißt es in der Urteilsbegründung, das zweite Flugblatt habe »einen derart eindeutig hoch- und landesverräterischen Inhalt, dass ihn auch der Angeklagte erkannte. Das zeigt allein die Tatsache, dass er das Flugblatt nicht aufbewahrte, sondern wegen seines Inhalts vernichtete.

Bei seiner Vernehmung durch die Geheime Staatspolizei gab er zudem an, er sei entsetzt gewesen, wie er die Flugblätter in die Hand bekam, er habe ihren Inhalt als staatsgefährlich erkannt, er habe sie aber deshalb nicht abgeliefert, weil er glaubte, dass er da in irgendeine Sache hineinkomme, die ihm unangenehm werden könne. In der Hauptverhandlung brachte der Angeklagte dann vor, er habe daraus, dass am Schluss des Flugblattes 2 Sprüche des chinesischen Weisen Laotse stehen, geschlossen, dass der Verfasser ein unreifer Mensch oder ein Wirrkopf sein könne; dieser Eindruck habe dazu beigetragen, dass er keine Anzeige erstattete.«

Söhngen wird als Einziger an diesem 13. Juli 1943 verurteilt; seine Mitangeklagten, der Architekt Manfred Eickemeyer, der Kunstmaler Wilhelm Geyer sowie Christoph Probsts Schwiegervater Harald Dohrn, einst Geschäftsführer des Festspielhauses Hellerau, später Krankengymnast und Gründer eines Sanatoriums am Tegernsee, werden

29 Scholl, Inge: Die Weiße Rose. S. Fischer, Frankfurt a. M., erw. Neuausgabe April 1993. S. 123

freigesprochen. Bei Söhngen sieht es das Gericht jedoch als erwiesen an, dass er gewusst habe, dass »Kräfte am Werk waren, die auf einen Umsturz hinarbeiteten«. Und deshalb sei er verpflichtet gewesen, die erhaltenen Flugblätter der Polizei anzuzeigen. Die Unterlassung sei »grob fahrlässig«. Allerdings halten die Richter dem Buchhändler zugute, dass er nicht vorbestraft sei und den Erhalt der Flugblätter von »vorneherein« zugegeben habe. Interessant ist auch, dass das Gericht bei ihm »volles Verständnis« für die »Belange des Krieges« zu erkennen glaubt, und zwar darin, dass er »unter Aufwendung nicht unbeträchtlicher Kosten bekannten und unbekannten Frontsoldaten ausgewählte Gedichte und Sentenzen ins Feld sandte, die dort grossen Anklang fanden«. Leider schweigen die Akten darüber, welche Literatur der Münchner Buchhändler in die Feldpost gab.
Josef Söhngen sieht am 16. Februar 1943 Hans Scholl zum letzten Mal;[30] zwei Tage später wird der Student verhaftet und am 22. Februar 1943 ermordet. Irgendwann in dieser Zeit muss Scholl seinen Freund aufgefordert haben, sich auch in Zukunft für die junge Generation zu engagieren. Söhngen habe dies zu seinem »Leitsatz« erwählt, schreibt die *Süddeutsche Zeitung* im Jahr 1969: »Neben dem Aufbau seiner eigenen Existenz – die Buchhandlung L. Werner, 1944 ausgebombt, musste achtmal umziehen – reorganisierte er mit gleichgesinnten Buchhändlern den deutschen Buchhandel, das Prüfungssystem der buchhändlerischen Lehrlinge, bemühte sich um Bildung, Sicherung und Förderung des Nachwuchses.«[31] Für dieses Engagement zeichnet ihn der Börsenverein des Deutschen Buchhandels 1960 mit der Ehrung »Dem Förderer des deutschen Buches« aus.
In seiner Wahlheimat setzt er sich zudem für den Lesenachwuchs ein und wird Mitglied des Vorstands der Internationalen Jugendbibliothek, die von der Kinderbuchautorin und Journalistin Jella Lepman gegründet wird und die am 14. September 1949 erstmals ihre Türen aufsperrt. Im Jahr 1969 wird Söhngen zusammen mit Erich Kästner, der zur Eröffnung der

30 Scholl, Inge: Die Weiße Rose. S. Fischer, Frankfurt a. M. erw. Neuausgabe April 1993. S. 125
31 Graupner, Heidrun: Buchhändler Josef Söhngen 75 Jahre. In: Süddeutsche Zeitung, Nr. 196, 16./17. August 1969

Einrichtung seinen »Brief an alle Kinder der Welt« im *Münchner Merkur* publiziert, Ehrenmitglied der Bibliothek.
Es ist keine Überraschung, dass dieser Mann anlässlich seines 70. Geburtstags gewürdigt wird. So liest man unter anderem, Söhngen zähle zu jenen »immer seltener werdenden deutschen Sortimentern, die nicht nur in ihrer eigenen Buchhandlung den Mut zur eigenen Meinung haben: auch im Alltag ein aufrechter Mann, tatkräftig, humorvoll und kenntnisreich«.[32]

32 E.P.B.: Buchhändler Söhngen 70 Jahre. In: Süddeutsche Zeitung, Nr. 197, 17. August 1964

DIE TÜRKENSTRASSE: UNBEKÜMMERT IM ATELIER DES LEBENS

Im September 1962 erscheint die erste Ausgabe der Satirezeitschrift *Pardon*, das Editorial verfasst Erich Kästner. Der Schriftsteller, seit dem Ende des Zweiten Weltkriegs in München zu Hause, erinnert sich in seinem launigen Beitrag daran, wie Autoren und Brettl-Künstler zehn Jahre zuvor versucht haben, »Zeitschrift und Kabarett zu amalgieren. Unter dem Namen *Die gesprochene Zeitung*. In München. Auf der Bühne des *Simpl* in der Türkenstraße.« Dabei haben die Literaten, ob in Vers oder Prosa, ihre »kritischen Randbemerkungen zum Tage persönlich vorgetragen«, derweil die Karikaturisten die Texte als Zeichnung rasch zu Papier brachten. Die Proben waren komisch – doch die Mitwirkenden seien bereits vor der Premiere weitergezogen, schreibt Kästner. »Weil sie Geld verdienen mußten.«[33]

Zu gern hätte man diese Vorstellung erlebt. Die Anekdote erzählt viel von der Kreativität und Probierlust rund um die Türkenstraße, selbst noch in der Bundesrepublik. Und sie erinnert an eine Zeit, die in vielen Berichten längst zum Mythos geronnen ist.

Während sich München im 19. Jahrhundert mit den beiden Pinakotheken, mit seiner Glyptothek und den Antikensammlungen zur Kunststadt und zum »Isar-Athen« aufschwingt, wird Schwabing nach 1900 zum Experimentierfeld: künstlerisch, literarisch, gesellschaftlich. Die Grenzen – sofern es überhaupt welche gibt – dieses großen Ateliers des Lebens sind auf keinen Fall deckungsgleich mit jenen des Viertels. Mehr noch: Das Schwabing, von dem hier die Rede ist (und dessen Schauplätze vor allem in der Maxvorstadt liegen), lässt sich nicht so leicht definieren, schon gar nicht geografisch. »Wahnmoching« nennen es jene, die es prägen, etwa die Schriftstellerin Franziska zu Reventlow (1871–1918), eine herausragende Gestalt der Boheme. »Wahnmoching im bildlichen Sinne geht weit über den Rahmen eines Stadtteils hinaus«, bemerkt Schwabings Gräfin. »Wahnmoching ist eine geistige Bewegung, ein Niveau, eine Richtung, ein Protest, ein neuer Kult oder vielmehr der Versuch, aus uralten Kulturen wieder neue religiöse Möglichkeiten zu gewinnen – Wahnmoching ist noch vieles, vieles andere …«[34]

33 Kästner, Erich: Zwei große Buketts. In: Pardon. 1. Jg., Heft 1, September 1962. S. 7
34 Franziska Gräfin zu Reventlow: Wahnmoching. In: Hollweck, Ludwig: Von Wahnmoching bis zur Traumstadt. Bücher in Schwabing, München 1969. S. 13

Münchens berühmtester Spaziergänger Sigi Sommer (1914–1996), der als »Blasius« für seine wunderbaren Kolumnen in der *Abendzeitung* die Stadt durchwandert, notiert rückblickend zum Phänomen Schwabing: »Nun sind die Grenzen dieser vielzitierten Künstlerkolonie allerdings nie genau zu umreißen, weil Schwabing eben kein Stadtteil ist, sondern ›ein Zustand‹, wie die Literaten behaupten. Das Herz Schwabings lag früher jedenfalls wesentlich weiter links als heute. Etwa in der Nähe der Türkenstraße, wo in der Künstlerkneipe ›Simplicissimus‹ eine rote Bulldogge lautlos vor sich hinbellte. Dort wo der Dichter Ringelnatz seine skurrilen Freistilverse verfaßte und die Elf Scharfrichter, das berühmteste literarische Kabarett, das München jemals hervorbrachte, hauste. Und dort, wo Kathi Kobus, die damalige Künstlermutter all dieser Berühmtheiten von Th. Th. Heine bis zu Frank Wedekind, ihre gefürchtete Bowle braute.«[35]

In dieser traditionsreichen Gegend, an der Türkenstraße 30, eröffnet L. Werner 1992 seine Architekturbuchhandlung, derweil die Kunstbuchhandlung am angestammten Platz in der Residenzstraße 17 bleibt. Bis im Jahr 2018 auch diese Sparte in die Maxvorstadt kommt. Im Sommer 2021 zieht die Buchhandlung von hier aus in ihre neuen Räumlichkeiten an der Theresienstraße 66 – und bleibt damit dem Viertel, genauer: dem Zustand, weiter treu.

Dieses erlebt vor allem zwischen 1900 und dem Ersten Weltkrieg eine in vielen Farben und Atmosphären schillernde, ungewöhnliche, lebenssatte Zeit – und gibt in den Zwanzigerjahren noch eine ordentliche Zugabe obendrauf. Über die Menschen, die das ermöglichen, schreibt Erich Mühsam (1878–1934) in seinen *Unpolitischen Erinnerungen*: »Das sind die Gestalten, die den Stadtteil Schwabing zum Kulturbegriff Schwabing machten – Maler, Bildhauer, Dichter, Modelle, Nichtstuer, Philosophen, Religionsstifter, Umstürzler, Erneuerer, Sexualethiker, Psychoanalytiker, Musiker, Architekten, Kunstgewerblerinnen, entlaufene Höhere Töchter, ewige Studenten, Fleißige und Faule, Lebensgierige und Lebensmüde, Wildgelockte und adrett Gescheitelte –, die bei der denkbar größten

35 Sommer, Siegfried/Busse, Fritz: Farbiges München. Südwest Verlag, München, 2. Aufl. 1966. S. 62

Verschiedenheit voneinander vereint waren in einer unsichtbaren Loge des Widerstands gegen die Autorität der herkömmlichen Sitten.«[36]
Der anarchistische Autor hat Recht: Protest und Auflehnung gegen die Einflussnahme des Staates sind Geburtshelfer jenes kreativen Schwabinger Geistes. Mit der »Lex Heinze«, die am 14. Juli 1900 in Kraft tritt und die öffentliche Moral schützen soll, gestattet sich die Exekutive enorme Eingriffe in die Kunst, zensiert »Unsittliches« in Malerei, Literatur und auf dem Theater. Als Reaktion schließen sich in München Kulturschaffende und Studenten im »Goethe-Bund zum Schutze freier Kunst und Wissenschaft« zusammen, mit dem Theatermacher Otto Falckenberg an vorderer Front. Verleger Albert Langen marschiert im Protestzug ebenso mit wie sein Autor Frank Wedekind, Redakteure des *Simplicissimus* und Maler der Sezession. In den Faschingswogen des Jahres 1901 entschließen sich elf Männer, ein Kabarett zu gründen, das auf der Brettl-Bühne in den Kampf gegen das Establishment zieht. »Als Hohn auf das bestehende starre System, das sie angreifen wollten, nannten sie sich ›Die Elf Scharfrichter‹. Was es zu köpfen galt, das war die soziale Heuchelei.«[37]
Am 13. April 1901, einem Freitag, ist Premiere im Rückgebäude an der Türkenstraße 28, wo das Gasthaus »Zum goldenen Hirschen« beheimatet ist. Nicht nur Datum und Wochentag des ersten Scharfrichter-Auftritts ist vielsagend – auch der Ort hat die passende Historie. Das Theater, in dem kaum hundert Menschen Platz finden, ist der umgebaute Paukboden einer schlagenden Studentenverbindung, die dort das Fechten übte. Doch mit Florett geben sich die elf Herren gar nicht erst ab, die in flammend roten Kapuzengewändern mit Sehschlitzen auf die Bühne kommen. Blank gewetzte Beile haben sie geschultert und heben an zu singen:

Erbauet ragt der schwarze Block,
Wir richten scharf und herzlich,
Blutrotes Herz, blutroter Rock
All unsere Lust ist schmerzlich.
Wer mit dem Tag verfeindet ist,

36 Mühsam, Erich: Namen und Menschen. Verlag Klaus Guhl, Berlin 1977. S. 110/111
37 Appignanesi, Lisa: Das Kabarett. Belser, Stuttgart 1976. S. 41

Wird blutig exequieret,
Wer mit dem Tod befreundet ist,
Mit Sang und Kranz gezieret.

Es ist eine Schau – und spätestens mit dem Auftritt Marya Delvards ein Spektakel. Die Chansonnière zählt zu den »Henkersknechten« (die Anzahl der Scharfrichter darf schließlich nicht verändert werden), wie etwa auch Reinhard Piper, der drei Jahre später seinen Verlag gründet. Er erinnert sich: »Die Abende waren ein immer von Neuem improvisierter Ausdruck der sogenannten Künstler-Boheme, wie er heute nicht mehr möglich wäre.«[38] Tatsächlich löst sich die Truppe vollkommen verschuldet bereits 1904 wieder auf.
Wedekind, der einzige Scharfrichter, der unter richtigem Namen auftritt (sein Ruf als Skandalnudel des Literaturbetriebs ist für die bessere Gesellschaft genug Grund zum Gruseln), ist da schon nicht mehr dabei. Er ist weitergezogen, die Türkenstraße hoch, wo Kathi Kobus im Haus mit der Nummer 57 im Jahr 1903 ihre Künstlerkneipe »Simplicissimus« eröffnet, nachdem sie zuvor in der »Dichtelei« an der Adalbertstraße bedient hat.
Bei der resoluten Kobus treffen sich fortan nicht nur die *Simplicissimus*-Redaktion, sondern all jene, denen der Kopf nach (künstlerischer) Freiheit steht. Hausdichter ist Joachim Ringelnatz, 1883 als Hans Gustav Bötticher geboren und Erfinder des stets durstigen Seefahrers Kuttel Daddeldu. Ringelnatz sperrt bald unweit des »Simpl« einen Tabakladen auf – in der Hoffnung, so der Ebbe in seinen Finanzangelegenheiten beizukommen. Das Geschäft läuft bald jedoch auf einer Sandbank auf. Da der Autor nichts ist ohne seine Leserschaft und Ringelnatz das bitter erfahren muss, widmet er dem »Bücherfreund«[39] ein Gedicht.

38 Piper, Reinhard: Bei den »Elf Scharfrichtern«. In: Schaefer, Oda (Hg.): Schwabing – verliebt verrückt vertan. R. Piper Verlag, München 1972. S. 13
39 Ringelnatz, Joachim: Ringelnatz. Karl H. Henssel Verlag, Berlin 1955. S. 63–65

Ob ich Biblio- was bin?
phile? »Freund von Büchern« meinen Sie?
Na, und ob ich das bin!
Ha! und wie!

Mir sind Bücher, was den andern Leuten
Weiber, Tanz, Gesellschaft, Kartenspiel,
Turnsport, Wein, und weiß ich was, bedeuten.
Meine Bücher – – – wie beliebt? Wieviel?

Was, zum Henker, kümmert mich die Zahl.
Bitte, doch mich auszureden lassen.
Jedenfalls: Viel mehr, als mein Regal
Halb imstande ist zu fassen.

Unterhaltung? Ja, bei Gott, das geben
Sie mir reichlich. Morgens zwölfmal nur
Nüchtern zwanzig Brockhausbände heben – – –
Hei! das gibt den Muskeln die Latur.

Oh, ich mußte meine Bücherei,
Wenn ich je verreiste, stets vermissen.
Ob ein Stuhl zu hoch, zu niedrig sei,
Sechzig Bücher sind wie sechzig Kissen.

Ja natürlich auch vom künstlerischen
Standpunkt. Denn ich weiß die Rücken
So nach Gold und Lederton zu mischen,
Daß sie wie ein Bild die Stube schmücken.

Äußerlich? Mein Bester, Sie vergessen
Meine ungeheure Leidenschaft,
Pflanzen fürs Herbarium zu pressen.
Bücher lasten, Bücher haben Kraft.

Junger Freund, Sie sind recht unerfahren,
Und Sie fragen etwas reichlich frei.
Auch bei andern Menschen als Barbaren
Gehen schließlich Bücher mal entzwei.

Wie? – ich jemals auch in Büchern lese??
Oh, Sie unerhörter Ese – – –
Nein, pardon! – Doch positus, ich säße
Auf dem Lokus und Sie harrten
Draußen meiner Rückkehr, ach dann nur
Ja nicht länger auf mich warten.
Denn der Lokus ist bei mir ein Garten,
Den man abseits ohne Zeit und Uhr
Düngt und erntet dann Literatur.

Bücher – Nein, ich bitte Sie inständig:
Nicht mehr fragen! Laß dich doch belehren!
Bücher, auch wenn sie nicht eigenhändig
Handsigniert sind, soll man hoch verehren.

Bücher werden, wenn man will, lebendig.
Über Bücher kann man ganz befehlen.
Und wer Bücher kauft, der kauft sich Seelen,
Und die Seelen können sich nicht wehren.

Die Bücherseelen durchgeistern Schwabing auch nach dem Ersten Weltkrieg. Wilhelm von Schramm wird 1919 Mitarbeiter der Buchhandlung »Bücherkiste« an der Kurfürstenstraße 8, die zum Zentrum für expressionistische Literatur wird. Er erinnert sich an das erleichternde Gefühl, »nach der Reglementierung der Kriegsjahre, unter ›Freien‹ zu sein, die geistige und musische Interessen hegten und pflegten«.[40]
Diese Atmosphäre wirkt sich in all den Jahren aus auf die übrige Stadt – und wer weiß, vielleicht tut sie es sogar bis in die Gegenwart? Ein Schaden wäre es nicht. »Schwabings auffällige Minderheit bewirkte bei der unauffälligen Mehrheit, daß sie nicht mehr auffiel«, schreibt Erich Mühsam. »Ja, ganz München gewöhnte sich an das Ungewöhnliche, lernte Toleranz und gönnte der Seltsamkeit ihr Lebensrecht.«[41] So darf man sich die viel zitierte »liberalitas bavariae« vorstellen, dieses Leben nach dem Motto »lesen und lesen lassen«.
Mag sein, dass Mühsams Zeilen heute etwas zu optimistisch klingen. Und doch ist sein Gedanke, die ureigenste Definition des Begriffs »Schwabing« sei die »Unbekümmertheit um das Urteil anderer Leute«,[42] ein sehr, sehr tröstlicher.

40 Schramm, Wilhelm von: Die Bücherkiste. Langen Müller, München 1979. S. 66
41 Mühsam, Erich: Namen und Menschen. Verlag Klaus Guhl, Berlin 1977. S. 112
42 Ebd.

Bibliothek Suhrkamp
Max Frisch
R. Pérez de Ayala
Artemis
Pariser Tagebuch
Joseph Roth
Hermann Broch
Pasenow oder die Romantik
Jean Giraudoux
Simon
G. B. Shaw
Paul Valéry
Franz Kafka
Robert Walser
Prosa

Moderne Literatur ohne Vergänglichkeit
Anna Seghers
Aufstand der Fischer von St. Barbara
Bibliothek Suhrkamp
T. S. Eliot
Old Possums Katzenbuch
Samuel Beckett
Glückliche Tage und andere Stücke
Der dankbare Patient
Nekyia
T. S. Eliot
Der Privatsekretär
k Suhrkamp
Richard Hughes
G. B. Shaw
Ernst Penzoldt
Bertolt Brecht
Geschichten
Ernst Bloch
Spuren

ZEITSTRAHL

1872 – Ernst Wasmuth eröffnet in Berlin eine Architekturbuchhandlung, die er schon bald um einen Fachverlag für Kunst und Architektur erweitert

1877 – Papiergroßhändler Leopold Ullstein gründet den Ullstein Verlag als offene Handelsgesellschaft

1878 – Adalbert Buchholz & Louis Werner eröffnen ihre Buchhandlung und Antiquariat in der Residenzstraße 17 in München

1886 – Samuel Fischer gründet den S. Fischer Verlag in Berlin

1891 – Buchholz & Werner trennen ihre Geschäftszweige. L. Werner gliedert seiner Architekturbuchhandlung einen Fachverlag an

1893 – Buchhandlung Heinrich Hugendubel GmbH & Co. KG wird von Heinrich Karl Gustav Hugendubel in München gegründet

1896 – Albert Langen gründet den Simplicissimus-Verlag als illustrierte Literaturrevue

1899 – Otto Julius Bierbaum, Alfred Walter Heymel und Rudolf Alexander Schröder geben die Literatur- und Kunstzeitschrift *Die Insel* in München heraus, aus der später der Insel Verlag hervorgeht

1900 – Große Deutsche Buchgewerbeausstellung als Teil des Länderbeitrags von Deutschland auf der Pariser Weltausstellung

1904 – Reinhard Piper gründet den Piper Verlag in München
Hans Goltz lässt sich in München nieder und führt ab 1911 selbstständig eine Buch- und Kunsthandlung, die sich im Lauf der Jahre zu einem Aufsehen erregenden Kunstzentrum entwickelt

1907 – Die Klinkhardt & Biermann Verlagsbuchhandlung wird in Leipzig von dem Kunsthistoriker Professor Dr. Georg Biermann und Dr. Werner Klinkhardt gegründet

1908 – Ernst Rowohlt gründet seinen Verlag, mit dem er in das Vorderhaus der berühmten Offizin Drugulin nach Leipzig zieht; 1960 Umzug nach Reinbek bei Hamburg

1910 – Buchhändler Hans Goltz übernimmt in München die Buch- und Kunsthandlung Ulrich Putze in der Brienner Straße 8

1924 – Der Kunsthistoriker Hermann Loeb gründet den Prestel Verlag

1928 – Carl Hanser gründet seinen Literatur- und Fachbuchverlag in München

1929 – Josef Söhngen übernimmt die Buchhandlung L. Werner

1933 – Bücherverbrennungen in Deutschland
Thomas Mann, Lion Feuchtwanger und viele andere Autor*innen gehen ins Exil

1944 – Buchhandlung L. Werner am Maximiliansplatz wird ausgebombt

1947 – Die ersten vier von Rowohlt herausgegebenen Rotationsromane erscheinen: Hemingway: *In einem andern Land*, Joseph Conrad: *Taifun*, Alain-Fournier: *Der große Meaulnes* und Kurt Tucholsky: *Schloß Gripsholm*
Der westdeutsche Zweig des Verlages Reclam entsteht in Stuttgart

1948 – Nach der Währungsreform gründet Max Hirmer in München den Hirmer Verlag

1950 – Peter Suhrkamp gründet die Suhrkamp Verlag AG mit Sitz in Berlin

1956 – Ernst Brücher gründet den DuMont Buchverlag als reinen Kunstbuch-Verlag in Köln

1969 – Walther König gründet seine Buchhandlung in Köln

1971 – Hinrich Sautter und Dierk Lackmann gründen die Galerie Kunst+Buch, die später als Sautter+Lackmann firmierende Fachbuchhandlung geführt wird

1980 – Ruth Spangenberg eröffnet den Bücherbogen Berlin

2018 – Die Kunstbuchhandlung L. Werner zieht an die Türkenstraße – beide Buchhandlungen, Kunst und Architektur, sind wieder vereint

2021 – Zum 1. Januar übernimmt der Hirmer Verlag München die Buchhandlung, sie besteht unter ihrem eingeführten Namen »Buchhandlung L. Werner« weiter. Im August bezieht sie, erweitert um den Bereich Belletristik, ihre neuen Räume in der Theresienstraße 66

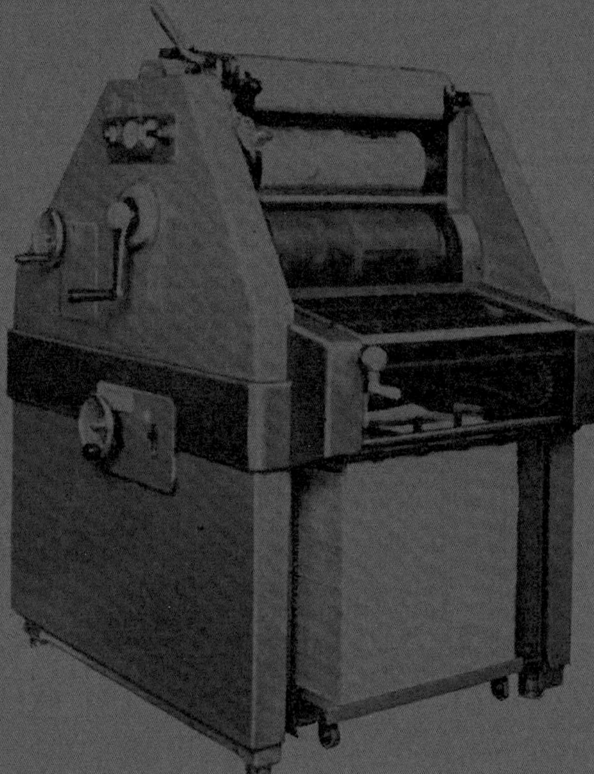

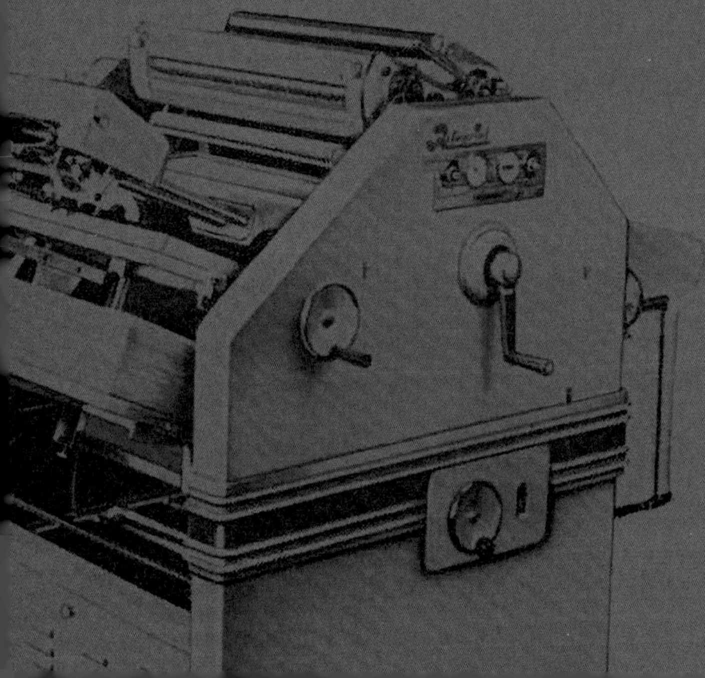

TREFFPUNKT BUCHHANDEL: VERBINDEND, FAMILIÄR – UND EXPLOSIV

Die Aufgabe klingt simpel, ist jedoch alles andere als das. Buchhandlungen bringen Menschen und die zu ihnen passenden Bücher zusammen. Stimmt. Ist umgekehrt wohl genauso richtig, gleichwohl es recht pathetisch klingt.
Um Pathos zu vermeiden, sei Mark Twain zitiert. Halt! Eben nicht. Manchmal findet sich zwar immer noch der Vater von Huckleberry Finn und Tom Sawyer als Urheber dieses Bonmots – und natürlich würde es auch zu ihm passen. Doch stammt es eher von der US-Schauspielerin Gracie Allen (1895–1964), deren letzter nennenswerter, wenngleich recht überschaubarer Filmauftritt 1944 in Richard Thorpes Revue *Two Girls and a Sailor* an der Seite von June Allyson und Gloria DeHaven stattfindet. Die Aktrice mit der hohen Stimme soll bemerkt haben, es sei »silly to spend six or seven months writing a novel when you can buy one for two Dollars«. Milton Wright erwähnt das Zitat 1939 in *What's funny – and why. An Outline of Humor.* Doch egal, wer nun Urheberin oder Urheber ist – viel wichtiger ist es, dass die Feststellung stimmt. Zum Glück also gibt es Buchhandlungen.
Das würde Rainer Moritz unterschreiben. Er ist nicht nur Autor, Kritiker und Leiter des Hamburger Literaturhauses. Moritz hat zudem einer – natürlich absolut subjektiven – Auswahl der *Schönsten Buchhandlungen Europas* ein Denkmal gesetzt. In diesem Band schildert er eine Erfahrung, die wohl jede Leserin und jeder Leser schon einmal gemacht hat: »Besuche in Buchhandlungen werden zu unvergesslichen Erlebnissen, sobald ein Zauber überspringt, wenn man lesend und redend die Zeit vergisst, sich in einem Kokon der Unantastbarkeit wähnt und zuletzt mit einer Tüte voll Bücher nach Hause geht, deren Kauf man beim Betreten des Ladens gar nicht beabsichtigt hatte.«[43]
Als Josef Söhngen am 17. August 1964 in München seinen 70. Geburtstag feiert, gratuliert Kurt Meyer mit dem Text *Die Buchhandlung als Treffpunkt*, der zunächst in *Der junge Buchhandel* erscheint und kurz darauf als liebevoll gestalteter Sonderdruck publiziert wird. Darin wird klar, was geschehen muss, damit der »Zauber« wirken kann. »Wunsch und

43 Moritz, Rainer/Guntli, Reto: Die schönsten Buchhandlungen Europas. Gerstenberg, Hildesheim, 3. Aufl. 2011. S. 7

»WUNSCH UND WISSEN
DES KUNDEN, MENSCHEN-
UND LITERATURKENNTNIS
DES BUCHHÄNDLERS BRINGEN
BEWEGUNG IN DIESE RUHE«

Wissen des Kunden, Menschen- und Literaturkenntnis des Buchhändlers bringen Bewegung in diese Ruhe«, schreibt Meyer und meint die äußere Eintracht, in der die Werke in Regalen und auf Tischen offeriert werden. Die Begegnung, der Austausch von Leser und Verkäufer »lassen unsichtbare innere Gemeinsamkeiten zur Wirkung und latente geistige Feindschaften der harmlos Aneinandergereihten zum Austrag kommen. Das Nebeneinander wird zum Miteinander und zum Gegeneinander, totes Gedrucktes in Codexform beginnt zu leben, um schließlich, wieder eingereiht, in die leblose Ordnung zurückzufallen, oder aber, in feinstem Einwickelpapier [Seufz, d. Verf.] an den Ort der Offenbarung getragen, dem Leser sein lebendiges Innerstes zu entschleiern.« Da es sich um einen Geburtstagsartikel handelt, beendet Buchhändler Meyer diesen Absatz mit einem Gedanken, bei dem heute nicht mehr klar zu belegen ist, ob er sich nur auf die Stimmung im Geschäft bezieht – oder aber ob der Verfasser auch über Familienfeste schreibt: »Es liegt etwas vom Riesenspielzeug in den Reihen unserer Regale und etwas Verbindendes genauso wie Explosives.«[44]
Doch Meyer findet rasch die Contenance wieder und zurück zur »schönsten Begegnung, der zwischen Buch, Buchhändler und Bücherkunde im dreiseitigen Miteinander«.[45] Dies lässt sich sogar noch weiter fassen. Denn in Buchhandlungen werden Möglichkeiten vorgestellt. Wer eintritt, lernt Verschiedenheit kennen – und im besten Fall anerkennen. Wer sich darauf einlässt, die Welt auch mal mit anderen Augen zu sehen, dem wird klar, dass der eigene Blick eben nie der einzige ist. Und schon gar nicht der einzig richtige. Oder, um nun doch einmal Shakespeare zu zitieren, der seinen Dänenprinzen Hamlet zu dessen Studienfreund sagen lässt: »There are more things in heaven and earth, Horatio, than are dreamt of in your philosophy.«
Die *Süddeutsche Zeitung* hebt in ihrem Bericht zu Söhngens Siebzigstem besonders das »im besten Sinne familiäre Klima in der Buchhandlung L. Werner« hervor. Gerade dieses verlocke »zu stets neuen Besuchen, die Auslagen der Bücherborde zeigen das Neueste in höchst kritischer

44 Meyer, Kurt: Die Buchhandlung als Treffpunkt. Sonderdruck C.H. Beck'sche Buchdruckerei, Nördlingen 1964. S. 7–8
45 Ebd. S. 11–12

Auswahl, vergessen darüber aber nicht das wertvolle Alte, das Dauernde. Josef Söhngen ist ein stiller, weitgereister Mann, mit dem man in seinem Arbeitswinkel mit Ausblick auf Kugelbrunnen und Akazien prächtig plaudern kann. Auch diese gar nicht sehr häufige Gabe gehört zum echten Buchhändler, welchen Ehrentitel niemand dem jugendlichen Siebzigjährigen streitig machen wird, denn Zuneigung und natürlicher Respekt konzentrieren sich auf den angenehm profilierten Münchner Sortimenter.«[46]

Moritz schreibt also davon, im Buchladen »lesend und redend« der Zeit enthoben zu sein. Meyer erfreut sich am »dreiseitigen Miteinander«, das dort herrscht. Und die *SZ* nimmt den idealen Buchhändler in den Familienkreis auf. All das findet sich auch im Geschäft von Monsieur Augustin (der komische Alte, den es in jeder Familie gibt) in Paris, wo es im Jahr 1924 zu einem Treffen zwischen dem Dichter Rainer Maria Rilke (1875–1926), dem Bibliothekar der École normale supérieure und dem Inhaber kommt. Carl J. Burckhardt, der Rilke begleitet, berichtet davon in *Ein Vormittag beim Buchhändler*.

Es ist ein besonderer, geheimnisvoller Ort, an dem die Herren über Literatur im Allgemeinen und über die Übersetzung von Gedichten Johann Peter Hebels im Besonderen debattieren – bereits die ersten Schritte in den Laden künden davon: »Wir traten in den schmalen, dunklen Verkaufsraum, in welchem die Bücher zu beiden Seiten bis zur Decke aufgeschichtet waren; auf langen wackligen Tischen lagen sie, und sie bedeckten in den Ecken den Boden. Ein kleiner alter Herr saß in einem Louis Philippe-Fauteuil; er hatte freundliche, emsige, dunkle Augen, mit denen er durch einen an einem Band befestigten Zwicker in einem Buch mit hellem Lederrücken las, das Buch weit von sich weghaltend.«[47]

Der gute Mann, der ein paar Absätze weiter als Monsieur Augustin vorgestellt wird, leidet nicht nur unter fehlender Nahkorrektur bei Alterssichtigkeit – Burckhardt charakterisiert den Buchhändler obendrein selbst als begeisterten Leser, dem der Besuch so gar nicht recht zu sein scheint. Jedenfalls beschließt er mit »sichtlichem Bedauern« seine

46 E.P.B.: Buchhändler Söhngen 70 Jahre. In: Süddeutsche Zeitung, Nr. 197, 17. August 1964
47 Burckhardt, Carl J.: Ein Vormittag beim Buchhändler. Hermann Rinn, München 1946. S. 12–13

Lektüre, »indem er den Zeigefinger zwischen die Seiten legte, aufstand, einen Streifen von einer auf dem Bücherberg des einen Tisches liegenden Morgenzeitung riß und ihn als Zeichen in den Band legte«.[48] So bekannt, so erwartbar. Doch Monsieur Augustin scheint seiner Leidenschaft ganz besonders verfallen zu sein, denn der Autor sieht sich genötigt, einen weiteren Satz hinzuzufügen: »Noch gab er das Buch nicht aus der Hand.« Es könnte ja sein, dass sich die nervigen Eindringlinge rasch verziehen. Sie tun es nicht – und Burckhardt kann seine Liebeserklärung an den Buchhandel schreiben.

Freilich: Die Branche hat es heute nicht leicht. Da schadet ein bisschen Nostalgie nicht und die Erinnerung an eine Zeit, als die Geschäfte für Gedrucktes selbstverständlich zum Stadtbild gehörten. Else Lasker-Schüler notiert etwa Anfang der Dreißigerjahre des vergangenen Jahrhunderts in ihrem Reisebericht aus dem Ostseebad Kolberg, das damals noch deutsch war und heute polnisch Kołobrzeg heißt: »Die Läden in der Stadt und am Strande überbieten sich. In den Buchläden die modernsten Auslagen (meine Bücher sind auch zu haben ...).«[49] Wobei sich der Zusatz in Klammern nicht nur durch die geschmeichelte Seele der Autorin erklärt, sondern auch aus den Zeitumständen. Nicht zufällig trägt der schlicht mit »Kolberg« betitelte Text den in Klammern gesetzten Untertitel »Als man dort noch nicht von Hakenkreuzlern bedroht wurde«. Burckhardts Buchhändler Augustin entfährt 1924 ein Seufzer, der bei seinen Kollegen der Gegenwart für Kopfschütteln sorgen würde: Als er vom Milchmann an der Ladentür verlangt wird, kehrt er Augenblicke später erleichtert zu seinen Gesprächspartnern zurück: »Zum Glück war es kein Käufer.«[50] Zudem sind seine Abschiedsworte heute kaum vorstellbar. Die Besucher kündigen an, bald wieder vorbeizukommen, worum der Literaturfreund auch bittet, der sich in diesem Moment darauf zu besinnen scheint, dass er ja irgendwie doch Geschäftsmann ist:
»Von meinen Schätzen habe ich Ihnen noch nichts gezeigt.«[51]

48 Burckhardt, Carl J.: Ein Vormittag beim Buchhändler. Hermann Rinn, München 1946; S. 13
49 Lasker-Schüler, Else: Konzert. dtv, München 1986. S. 67
50 Burckhardt, Carl J.: Ein Vormittag beim Buchhändler. Hermann Rinn, München 1946. S. 15
51 Ebd. S. 44

Der niederländische Schriftsteller Cees Nooteboom attestiert nicht nur Monsieur Augustins »Schätzen« eine animalisch anmutende Lebendigkeit, wenn er einen Essay über seine Lieblingsbuchhandlungen mit »Wo Bücher knurren, grollen, träumen« überschreibt. Derweil lässt Nootebooms britischer Kollege Alan Bennett die »souveräne Leserin« in seiner Erzählung eine Erfahrung machen, die alle kennen, die sich mit Büchern beschäftigen: Eines führt zum anderen, mal direkt, mal über Umwege einer dritten, vierten, fünften Veröffentlichung: »Immer mehr Türen öffneten« sich, schreibt er – egal, wohin sich seine Protagonistin wendet. Und plötzlich stellt Bennetts blaublütige Heldin fest, »dass die Tage für alles, was sie lesen wollte, nicht ausreichten«. Stimmt. Ist aber egal.
Lasker-Schüler erklärt den (Buch-)Laden zum »Zwischending« von Stadt und Buch – und sein »Schaufenster, das große Guckloch« sei »sein spielerisch dekoriertes Willkommen«.[52] Folgt der Bücherfreund diesem Ruf, hat er vielleicht besonderes Glück und trifft Autorin oder Autor einmal selbst in einem Geschäft an. Georg Stefan Troller, Reporter und Filmemacher, einst bekannt geworden durch seine Fernsehreihe *Pariser Journal* in der ARD, erinnert sich, wie er Walter Mehring (1896–1981) in der legendären deutschen Buchhandlung Librairie Calligrammes in Frankreichs Hauptstadt begegnete. Der 1951 von Fritz Picard gegründete Laden wird zum pulsierenden Zentrum des Austauschs zwischen (Überlebens-)Künstlern, Denkern, Schriftstellern und solchen, die eine der drei Optionen für ihr eigenes Leben erwägen. So macht die deutsche Malerin und Autorenfilmerin Ulrike Ottinger in den Sechzigern, als sie einige Jahre in Frankreichs Hauptstadt lebt und arbeitet, Picards Geschäft zum Ausgangspunkt ihrer Erkundungen. Im poetischen Dokumentarfilm *Paris Calligrammes*, 2020 in den deutschen Kinos zu sehen, erzählt sie bilderreich davon und setzt der Buchhandlung ein cineastisches Denkmal.
Als Troller den Laden besucht, ist Mehring, in der Weimarer Republik Satiriker mit spitzester Feder und regelmäßig in der *Weltbühne* zu

52 Lasker-Schüler, Else: Konzert. dtv, München 1986. S. 89

Für Verlags= und
Handlun
[42697.]
Verzeichn
im Preise herabge
mit Angabe der Bezugsb
sich schnellstens
Buchh
in Münche

Antiquariats=
n.
ster Artikel
ingungen erbitten
& Werner
(Odeonsplatz 7).

lesen, gerade dabei, Picard zu bequatschen, sein jüngstes Buch besser zu platzieren. Ein typisches Verhaltensmuster, zu finden eigentlich bei allen Menschen, die vom Publizieren leben. Beim Verlassen des Geschäfts berlinert Mehring Richtung Troller: »Wissen Se was? Die können ja gar nicht erwarten, mich als Emigranten abkratzen zu sehen, um mich als Exil-Literatur wieder aufzuarbeiten. Kaum geht man ein zur großen Mutter, schon ist man Germanistenfutter. Sela.«[53] Traurig festzustellen, dass es nicht anders gekommen ist.

Aber das Lesen funktioniert – zum Glück, will man meinen! – auch wunderbar, wenn man allein ist. Man muss dabei nicht so weit gehen wie Franz Kafka, der im Gespräch mit Gustav Janouch bemerkt haben soll, Bücher seien »ein Narkotikum«.[54] Wobei hier wohl nie letztgültig herauszufinden ist, was Kafka tatsächlich gesagt hat – und was Janouchs bewundernder Fantasie entsprungen sein mag. Dem Erfolg seines Werks *Gespräche mit Kafka* schadet das freilich nicht. Im Gegenteil: Kafka klingt selten mehr nach Kafka. Obwohl vielleicht ein anderer spricht. Verrückte Welt der Literatur.

Der Münchner Dichter Eugen Roth (1895–1976), geboren und aufgewachsen an der Augustenstraße in der Maxvorstadt, hat für derartige Fragen keine Zeit. Er entdeckt stattdessen vergnügt die heilende Kraft der Lektüre. In seiner Sammlung heiterer Verse, die erstmals 1939 unter dem Titel *Der Wunderdoktor* erscheint, besingt er das »Gesundlesen« im gleichnamigen Gedicht:

Man kennt die Heilkraft warmer Tücher:
Genau so helfen warme Bücher!
Wer wäre nicht schon krank gewesen
Und hätt sich nicht gesund gelesen?
Denn Goethe, Keller oder Stifter
Sind wahre Tröster und Entgifter.

53 Troller, Georg Stefan: Liebe, Lust und Abenteuer. Corso, Wiesbaden 2019. S. 135
54 Janouch, Gustav: Gespräche mit Kafka. S. Fischer, Frankfurt a. M. 1951. S. 27

Frau Emilie kann darüber nur müde lächeln. Sie kommt nämlich ausgerechnet durch ihre Lektüre zu Schaden. Wie Else Lasker-Schüler berichtet, fällt die Frau »vertieft im Studium Kotzebues, aus dem zweiten Stock des Hauses auf die erschrockene Straße, worauf boshafte Zeitungen von der gestürzten Literatur berichteten«.[55] Ja, Straßen dürfen erschrecken – und Lesen kann Menschen tatsächlich der Welt entheben. Wäre da nur nicht die Schwerkraft.

Doch trifft die Diagnose von Bücherdoktor Roth wirklich zu, haut Jacques Bonnet so schnell nichts um. Er ist Verlagsmensch, Lektor, Herausgeber, Autor, Übersetzer, Franzose. Vor allem aber ist Bonnet biblioman. Über diesen Umstand hat er – eh klar – ein Buch geschrieben, in dem er auch der Frage nachgeht, wie er seine Leidenschaft am Brennen hält, soll heißen: Wie er Publikationen findet, die noch nicht Teil seiner umfangreichen Privatbibliothek sind.

Besonders kostbar seien ihm, gesteht er, Bücher, die ihm von Buchhändlern empfohlen werden, die selbst Leser sind. Josef Söhngen gehört letztlich auch zu jenen Sortimentern, die mit »viel Fingerspitzengefühl immer das richtige Buch aus dem Regal«[56] reichen. Deren Geschäfte würden »häufig zu Orten der Begegnung, wo man sicher sein kann, zu bestimmten Stunden jemanden zu finden, mit dem sich trefflich über Bücher reden lässt«.[57] Je häufiger man dieses Zitat liest, desto stärker erinnert es an das Geständnis eines Süchtigen. Bonnets These geht indes in eine andere Richtung. »Echte Buchhandlungen«, konstatiert der Bücher-Junkie, »nehmen heute den Platz der literarischen Zirkel des 19. Jahrhunderts und der Kaffeehäuser ein, wo man sich zur Nachmittagsstunde regelmäßig mit Gleichgesinnten traf.«[58]

In der Tat gibt's heutzutage Geschäfte, die Espresso zur Lektüre reichen. »Und war doch selber dort im seligen Land!«,[59] stellt Dante beseelt am Ende seiner *Göttlichen Komodie* fest, nachdem er das Paradies geschaut hat, das eben für manche Menschen aus einem Buch und einem Kaffee bestehen kann. Welch Glück also, weder Inferno noch Purgatorium durchwandern zu müssen, um dorthin zu gelangen!

55 Lasker-Schüler, Else: Konzert. dtv, München 1986. S. 116
56 Graupner, Heidrun: Buchhändler Josef Söhngen 75 Jahre. In: Süddeutsche Zeitung, Nr. 196, 16./17. August 1969
57 Bonnet, Jacques: Meine vielseitigen Geliebten. Droemer, München 2009. S. 81
58 Ebd.
59 Alighieri, Dante: Die göttliche Komödie. Insel, Frankfurt a. M. 1974. S. 413

Ein Espresso freilich ist wenig im Vergleich zu dem, was Monsieur Augustin an jenem Vormittag 1924 aus dem Wirtshaus in der Nachbarschaft seiner Buchhandlung heranschaffen lässt. Wein aus der Champagne und Poularde mit Beilagen werden zum Gespräch gereicht. Obendrein kündigt die Wirtin – »unter ihrem leichten Schnurrbart«, wie es heißt – drohend an, sie werde »mit Kaffee und einem alten Marc de Bourgogne zurückkehren, den wir in dieser Unordnung zu trinken nicht verdienten«. Carl J. Burckhardt schreibt das sichtlich beeindruckt; das ist bis heute zu spüren.[60] Seine Irritation währt glücklicherweise nur kurz. Die Herren lassen es sich schmecken.

60 Burckhardt, Carl J.: Ein Vormittag beim Buchhändler. Hermann Rinn, München 1946. S. 34

KOENIG & BAUER
WÜRZBURG

VON BÜCHERN, STÄDTEN UND DER WELT

Bücher sind gefährlich. Das erlebt der New Yorker Antiquar Dean Corso, ein Spezialist im Auffinden unauffindbarer Druckwerke, mit großer Brutalität. Als er sich im Auftrag eines Sammlers auf die Suche nach einem besonders raren Exemplar macht, bekommt er es mit finsteren Mächten zu tun. Der Filmemacher Roman Polanski erzählt davon in seinem Thriller *Die neun Pforten* aus dem Jahr 1999, in dem Johnny Depp den Buchdetektiv spielt, der in eine teuflische Gewaltspirale gezogen wird, die möglicherweise nicht nur menschlichen Ursprungs ist.
Bücher, Buchhändler, Buchhandlungen inspirieren Kino und Fernsehen seit deren Erfindung. Klar: Romane, Comics und Kurzgeschichten sind immer schon Vorlagen für Leinwand-Adaptionen – Polanskis Film etwa basiert recht frei auf dem 1993 erschienenen Roman *Der Club Dumas* des Spaniers Arturo Pérez-Reverte. Spannend ist zu sehen, wie geheimnisvoll, bedeutsam und unheimlich gar Corsos Arbeit inszeniert ist.
Das gilt auch für Karl Konrad Koreanders Geschäft. In dessen Antiquariat flüchtet in Michael Endes Jugendroman *Die unendliche Geschichte* (1979 erstmals erschienen, von Wolfgang Petersen 1984 verfilmt) Bastian Balthasar Bux vor seinen ekelhaften Mitschülern, die nichts anderes im Sinn haben, als ihn zu hänseln. Der Bub, zehn oder elf Jahre alt, hat natürlich Bammel, als er das Geschäft betritt – zumal dessen Inhaber Kinder hasst. »Hör zu, mein Junge, ich kann Kinder nicht leiden. Heutzutage ist es zwar Mode, dass alle Welt ein Mordsgetue mit euch veranstaltet – aber ich nicht! Ich bin ganz und gar kein Kinderfreund«, raunzt Koreander gleich beim ersten Kennenlernen. Obendrein erinnert sein Gesicht an das einer »bissigen Bulldogge«.[61] Dennoch wird sein Buchladen zu einem Schutzraum für Bastian – und zum Ausgangspunkt seiner lebensverändernden (Bildungs-)Reise.
Ein schöner, tröstlicher Gedanke, der sich auf London übertragen lässt. Im Stadtteil Notting Hill, der Roger Michells Liebeskomödie von 1999 ihren Titel gibt, hat der von Hugh Grant verkörperte William Thacker einen kleinen Buchladen, ein großes Herz – und wenig Ahnung vom Rest des Lebens. Als die sehr berühmte Schauspielerin Anna Scott (gespielt

61 Ende, Michael: Die unendliche Geschichte. Thienemann, Stuttgart 2004. S. 6

von der ebenfalls sehr berühmten Julia Roberts) das Geschäft betritt, erkennt der Buchhändler sie zunächst nicht. Dennoch beginnt hier zwischen den Buchregalen der gemeinsame Weg der beiden, der sich in der Welt da draußen wohl kaum aufgetan hätte.

»Die Welt da draußen« ist für Bernard Black der Todfeind. Er betreibt den Buchladen Black Books in London, hasst alle Kunden – und hofft auf ihr Fernbleiben. Black, gespielt von Dylan Moran, erinnert in der tiefschwarzen britischen Fernsehserie *Black Books*, die zwischen 2000 und 2004 im Königreich ausgestrahlt wird, an eine in puncto Menschenhass potenzierte Ausgabe von Monsieur Augustin aus Paris, der ja schon aufstöhnt, wenn nur der Milchmann klingelt. Auch seinem Londoner Vetter im Geiste genügen seine Bücher völlig – möge bloß keiner auf die Idee kommen, eines erwerben zu wollen.

Die Beispiele zeigen, dass Kino und Fernsehen Büchermenschen stets als der Welt entrückt in Szene setzen. Etwa liebenswert-verplant wie Hugh Grant in *Notting Hill*; den Buchhändler kann aber auch die Aura des Unbekannten, gar der Gefahr umwehen wie in *Die neun Pforten* oder *Die unendliche Geschichte*. Alle werden jedoch in der Regel so gezeichnet, dass sie sich mit Gedrucktem deutlich wohler fühlen als mit ihresgleichen, am schrägsten zu sehen in *Black Books*.

Dass diese Charakterisierungen durch Drehbuchautorinnen und -autoren nicht komplett deren Fantasie entspringen, zeigt der Dokumentarfilm *The Booksellers* (2020). Regisseur D. W. Young feiert das Buch und jene, die es unter die Leute bringen. Zugleich blickt seine Produktion hinter die Kulissen des New Yorker (Antiquariat-)Handels mit seinen Erkenntnissen, Glücksmomenten und Sorgen.

Regisseur David Fincher erzählt in seinem Film *Mank*, mit zehn Nominierungen Favorit bei den Oscars 2021, nicht von den Problemen des Buchgeschäfts, sondern von jenen der Schreiber, konkret: von Herman J. Mankiewicz (1897–1953). Er ist eine Art Notarzt Hollywoods, häufig gerufen, um die hoffnungslosen Fälle zu retten. Ein Notarzt freilich, der aufgrund seiner Alkoholsucht oft selbst Hilfe benötigt. Mankiewicz, den

alle »Mank« nennen, ist in den Dreißiger- und Vierzigerjahren ein erfolgreicher Drehbuchautor der Traumfabrik. Die Studiobosse setzen auf seine Ideen, sein Talent, seinen Witz, wenn es darum geht, Skripte anderer zu polieren – dabei wird sein Name nicht immer im Abspann genannt. Der Schriftsteller, dessen Eltern 1892 aus Berlin in die USA kamen, schreibt etwa an Filmen mit wie *Dinner um acht* (1933), *Der Zauberer von Oz* (1939) oder *Der große Wurf* (1942).
Sein Meisterwerk ist indes das Drehbuch zu Orson Welles' *Citizen Kane* (1941) – wobei die Filmwissenschaft streitet, wer welchen Anteil am Text hat. Mankiewicz und der Regisseur sind gemeinsam als Autoren genannt. Letztlich ist die Antwort auf diese Frage jedoch egal. Denn *Mank* ist aus vielen Gründen eine hinreißende, bemerkenswerte Produktion. Und ihre Entstehungsgeschichte selbst durchaus erzählenswert.
Denn das Skript ist gut dreißig Jahre alt. Der Journalist Jack Fincher, Vater des Regisseurs, schreibt das Buch Anfang der Neunziger. Das Problem damals: Der Autor beharrt darauf, dass *Mank* in Schwarz-Weiß gedreht wird – als Verneigung vor dem alten Hollywood und vor *Citizen Kane*. Ein Risiko, das kein Studio eingehen will. Erst der Streamingdienst Netflix ist bereit, Finchers Forderung zu erfüllen. Die Zusage des Konzerns erlebt der Autor allerdings ebenso wenig wie die Tatsache, dass sein Sohn das Drama inszeniert: Jack Fincher erliegt 2003 einem Krebsleiden. Logisch, dass der Film fortan für David Fincher zur Herzenssache wird.
Das Erzählen, sei es nun im Gespräch, auf der Leinwand oder zwischen zwei Buchdeckeln – und damit auch das Erleben, Erfahren, Erlesen von Geschichten –, ist ein grundlegendes menschliches Bedürfnis. Von klein auf. »Schon als Schulmädchen standen ich und meine Freundin am Abend mit Vorliebe vor erleuchteten Fenstern und phantasierten Geschichten«, erinnert sich Else Lasker-Schüler.[62] Eine Beobachtung, die wohl jeder Mensch aus der eigenen Kindheit kennt: Das sind schließlich Abenteuer frei Haus. Informationen (Wie sieht die Wohnung der Nachbarn aus?) sind dazu da, ein Thema zu beenden. Das Fantasieren und

62 Lasker-Schüler, Else: Konzert. dtv, München 1986. S. 115

Erzählen (Was macht der komische Alte mit dem Zwicker vor dem Auge beruflich – und warum?) sowie die Teilhabe an Fantasiertem und Erzähltem eröffnen dagegen völlig neue Kapitel. Wer um die Einzelheiten der Entstehungsgeschichte von *Mank* weiß, sieht diesen Film mit nochmals anderem Blick.

»Literatur kommt zwar aus der Geschichte, steht aber über der Geschichte«, sagt der algerische Autor Kamel Daoud bei seinem Besuch 2016 in den Kammerspielen. Das ist die Basis guten Erzählens, und darin kennt sich natürlich auch die polnische Literaturnobelpreisträgerin Olga Tokarczuk aus. Als sie im Herbst 2020 im Münchner Literaturhaus zu Gast ist, stellt sie fest: »In der Literatur, im Roman spielt das Detail eine wesentliche Rolle. Die Einzelheiten zeigen uns nämlich die Welt in ihrer grundsätzlichen Erscheinungsform. Die Aufgabe des Schriftstellers besteht in der Synthese der Welt, dem Zusammenfügen der verschiedenen Aspekte.«

Das sorgt mitunter für die schönsten Überraschungen, sogar für den Urheber selbst. Als Martin Walser 2017 in München seinen Roman *Statt etwas oder Der letzte Rank* vorstellt, meint er im Lauf des Abends lapidar – und in der Diktion des Dichters schimmert sanft die alemannische Mundart des 1927 am Bodensee Geborenen durch: »Als ich das geschrieben habe, habe ich jeden Tag zugeschaut, was meine rechte Hand da schreibt.« Pause (die nur ein ganz klein wenig einstudiert wirkt). Dann vollendet er den Gedanken. »Ich bin aber höchst einverstanden.«

MIT ENDE
ENDEN

Mehr als 140 Jahre sind vergangen, seit Louis Werner an der Residenzstraße in München zunächst seine Buchhandlung, später seinen Verlag gegründet hat. Und 124 Jahre liegt es heute zurück, dass er zum Abonnement der Bildmappe *Alt-München in Bild und Wort* aufruft. Wer weiß? Ohne ihn hätten Sie dieses Buch vielleicht nie aufblättern und lesen können – zumindest nicht in dieser Form.
Daher soll Werner zum Schluss nochmals zu Wort kommen. Die Zeilen, die er 1897 für seine neue Publikation schreibt, gelten ohne Zweifel und mit kleinen Ergänzungen auch heute und hier: »Wir geben uns der Hoffnung hin, daß es uns gelingen wird, ein Werk zu schaffen, das allen eingeborenen Münchnern [sowie allen Bücherfans, d. Verf.] zur Freude und zur Anregung gereicht, das der heranwachsenden Generation [junger Leserinnen und Leser] die lebendige Erinnerung festhält an die Vergangenheit der Vaterstadt und das den Fremden [sowie allen Noch-Nicht-Lesern] zeigen mag, wie traut und anheimelnd es vordem hier gewesen, in jenem München, das heutzutage zum mächtigen Anziehungspunkte geworden ist für Nah und Fern.«

Buchhandlungen sind oft dicht verwebt mit der Geschichte eines Ortes. »Bücher bedeuten für mich Städte«, schreibt Else Lasker-Schüler gar. »Und da das Buch mir eine ganze Stadt entfalten kann, mit Straßen und Läden und Menschen, die vor ihrem Schaufenster stehenbleiben, genügt mir schon das Buchhändlerlexikon mit der Anzeige neuerschienener Bücher.«[63] Nun ja, ein bisschen mehr darf's dann schon sein. Bitte schön. Louis Werner, Josef Söhngen und all ihre Kolleginnen und Kollegen von einst, vor allem aber auch jene von heute sorgten und sorgen mit für den Zustand großer Glückseligkeit, den alle Büchermenschen kennen und den Michael Ende in *Die unendliche Geschichte* festgehalten hat:[64]

Wer niemals ganze Nachmittage lang
mit glühenden Ohren und verstrubbeltem Haar
über einem Buch saß
und las
und las
und die Welt
um sich her vergaß,
nicht mehr merkte,
dass
...

63 Lasker-Schüler, Else: Konzert. dtv, München 1986. S. 88
64 Ende, Michael: Die unendliche Geschichte. Thienemann, Stuttgart 2004. S. 12

DANK

Ich danke Annette von Altenbockum und Thomas Zuhr, ohne deren Ideen, Vertrauen, Unterstützung und Mut es dieses Buch nicht geben würde.
Rainer Arnold sowie die Mitarbeiterinnen und Mitarbeiter der Verlage Klinkhardt & Biermann und Hirmer haben bei der Umsetzung des Manuskripts in ein fertiges Buch tolle Arbeit geleistet – vielen Dank dafür.
Wertvolle Hilfe kam von Dr. Andreas Heusler sowie seinen Kolleginnen und Kollegen des Münchner Stadtarchivs bei der Beschaffung der Unterlagen zu Josef Söhngen und der »Weißen Rose«: Danke schön! Bei der Recherche halfen außerdem die Münchner Stadtbibliothek sowie die Stiftung Lyrik Kabinett unter ihrem Bibliotheksleiter Wolfgang Berends.
Auch bei diesem Buch war es eine Freude, mit Silke Probst zusammenzuarbeiten: Besten Dank für das umsichtige und gewissenhafte Lektorat.
Meinem Schwiegervater Prof. Dr. Klaus-Peter Boergen gilt mein Dank nicht nur für die Ferndiagnose der Augenkrankheit von Monsieur Augustin und die erste Ausgabe von *Pardon*, sondern auch für die vielen anregenden und guten Gespräche über Literatur. Mit ihren fabelhaften Collagen hat Lili Aschoff dem Text eine weitere Erzählebene hinzugefügt: ein echter Gewinn und wunderbarer Genuss. Von Herzen Dank.
Vor allem aber danke ich Isa – für alles.
Die schönsten Geschichten schreibt das Leben.

BILDNACHWEISE

Cover: Aussicht aus der Frauenkirche Richtung Königsplatz, 1965 (Fortepan / Sugár Ferenc)

S. 2: Bücherkisten Antiquariat Anna Petri (Foto: Lili Aschoff)

S. 10/11: 1891 trennen Adalbert Buchholz und Louis Werner ihre Geschäftszweige, sodass Herr Buchholz das wissenschaftliche Sortiment und Herr Werner architektonische und kunstgewerbliche Literatur übernimmt. Vermutlich zieht L.Werner zu diesem Zeitpunkt in die Residenzstraße 17. »Specialität: Architektur, Kunst und Kunstgewerbe«, verkündet eine Zeitungsannonce von 1896. Hier platziert auf einem Foto der Residenzstraße 17–21, um 1890, aus dem Münchner Stadtarchiv.

S. 14/15: Münchner Stadtplan von 1935. Davor Gesichter prominenter Autoren. Links (von oben nach unten): Pier Paolo Pasolini, Knut Hamsun, Arthur Schopenhauer. Rechts (von oben nach unten): August Strindberg, Frank Wedekind

S. 18: Innenaufnahme der Buchhandlung L.Werner in der Türkenstraße (Fotografie 1996 aus dem Buchhandlungsarchiv)

S. 21: Die Fassade des Ateliers Elvira zur Von-der-Tann-Straße mit dem sogenannten Drachenornament. Davor fünf Mitglieder vom »Verein für Frauenstimmrecht«. Von links nach rechts: Anita Augspurg, Marie Stritt, Lily von Gizycki, Minna Cauer und Sophia Goudstikker, um 1896, fotografiert im Atelier derselben. Das Hof-Atelier Elvira wurde 1887 von Anita Augspurg und Sophia Goudstikker als Fotostudio in München gegründet. Sie fotografierten u. a. König Ludwig III. von Bayern (1914), die Regentin des Großherzogtums Luxemburg Maria Anna von Portugal (1903), die Schriftsteller Heinrich und Thomas Mann (um 1902) und die Frauenrechtlerin Helene Lange (vor 1899).

S. 24/25: L'Avenue Nicolas II während der Pariser Weltausstellung 1900 aus Ludovic Baschet: *Exposition Universelle 1900 (Le panorama)*. Die Buchhandlung L.Werner war dort auf der großen Buchgewerbeausstellung im Deutschen Pavillon vertreten. Darauf platziert ein Starrluftschiff deutscher Produktion, USS Los Angeles.

S. 29: Der Verleger Albert Langen, fotografiert von Nicola Perscheid, mit Ausgabe der von ihm 1896 gegründeten *Simplicissimus*-Zeitschrift und mit der roten Bulldogge von Thomas Theodor Heine. An der Satirezeitschrift haben u. a. Käthe Kollwitz als Zeichnerin und Hermann Hesse, Erich Kästner, Arthur Schnitzler und Frank Wedekind als Autoren mitgewirkt.

S. 32/33: Münchner Künstlerhaus am Morgen seiner Eröffnung am 29. März 1900 mit der Figur des lustigen Rath. Aus: Künstlerhausverein: Das Künstlerhaus in München. L. Werner, München, 19 (Abbildungen zu den Werken Pfeifer)

S. 35: Reinhard Piper mit seinen Söhnen Klaus (rechts) und Martin, Herbst 1950 (Quelle: Verlagsbibliografie)

S. 40/41: Buchhandlung L. Werner in der Residenzstraße 17. Davor Gesichter prominenter Autoren. Links (von oben nach unten): Selma Lagerlöf, Hannah Arendt, Kurt Vonnegut, Ingeborg Bachmann. Rechts (von oben nach unten): Ernst Barlach, Karl Valentin

S. 43: Architekt Gabriel von Seidl (links) und Franz von Lenbach vor dem Lenbachhaus

S. 44/45: Tafel der gesuchten Personen: Buchholz und Werner erbitten Hinweise zu Edgar Saltus' (amerikanischer Schriftsteller) Aufenthaltsort im Börsenblatt vom 21. Mai 1884. Hintergrund: Ludwigstraße, 1927, aus dem Stadtarchiv München

S. 51: Gedenkschaufenster der Buchhandlung L.Werner mit Ausgabe von *Das Gewissen entscheidet* von Annedore Leber, Mosaik 1957, Plakat »Die Weiße Rose« und Bildern von Willi Graf, Kurt Huber, Christoph Probst, Alexander Schmorell, Sophie und Hans Scholl

S. 56/57: Foto: © akg-images / Jürgen Raible, Mahnmal für die Mitglieder der »Weißen Rose« (Bodendenkmal auf dem Geschwister-Scholl-Platz vor dem Hauptgebäude der Ludwig-Maximilians-Universität, um 1988, von Robert Schmidt-Matt; aus Stein replizierte Flugblätter der »Weißen Rose«; nach Zerstörung erneuert 2006)

S. 62: Sigi Sommer, 1951 | Foto: Berthold Fischer/SZ Photo

S. 70/71: Schaufenster anlässlich des 100. Bandes der Bibliothek Suhrkamp (1963). S. 70 oben: Max Frisch, darunter Franz Kafka, S. 71 oben: Anna Seghers, darunter Hermann Hesse, unten rot umrahmt: Peter Suhrkamp

S. 77: In den 1970er-Jahren übernimmt Kurt Meyer die Buchhandlung L.Werner. Hier der Inhaber am Telefon in seiner Buchhandlung

S. 82/83: Annonce im Börsenblatt, 19. Oktober 1878. Hintergrund: Ludwigstraße gegen Siegestor, 1905, aus dem Münchner Stadtarchiv

S. 87: Espressomaschine im Kaffeehaus (Fortepan / Bauer Sándor Kopie)

S. 92/93: Menschen vor dem Fernseher (Fortepan / Bauer Sándor)

S. 101: Kleiner Junge beim Schreiben (Fortepan / BL)

Die jeweiligen Kapitelaufmacher zeigen historische Druckautomaten aus dem frühen 20. Jahrhundert.

IMPRESSUM

Klinkhardt & Biermann Verlag
Lentnerweg 14
81927 München
Tel. +49(0)89-93 93 37 56
info@klinkhardtundbiermann.de
www.klinkhardtundbiermann.de

Die Deutsche Nationalbibliothek verzeichnet diese Publikation in der Deutschen Nationalbibliografie; detaillierte bibliografische Daten sind im Internet über http://dnb.dnb.de abrufbar.

GESTALTUNG und HERSTELLUNG
Lili Aschoff, München

PROJEKTLEITUNG
Sophie Obermeyr

LEKTORAT
Silke Probst, München; Susanne Ibisch, Leipzig

LITHOGRAFIE
Reproline mediateam GmbH, München

DRUCK UND BINDUNG
Passavia Druckservice GmbH & Co. KG, Passau

ISBN 978-3-943616-84-2

Printed in Germany